T0195880

# Medienwissen kompakt

**Herausgegeben von**
G. Reus, Hannover, Deutschland
K. Beck, Berlin, Deutschland

Die Reihe Medienwissen kompakt greift aktuelle Fragen rund um Medien, Kommunikation, Journalismus und Öffentlichkeit auf und beleuchtet sie in allgemeinverständlicher Form aus der Sicht der Publizistik- und Kommunikationswissenschaft. Die Reihe richtet sich an interessierte Laien ohne spezielle Fachkenntnisse sowie an Studierende anderer Sozial- und Geisteswissenschaften. In leicht verständlicher Sprache und knapper Form, ohne Fußnoten und Literaturverweise geben ausgewiesene Kommunikations- und Publizistikwissenschaftler fundierte Antworten und stellen Befunde der Forschung vor.

**Herausgegeben von**

Gunter Reus                          Klaus Beck

Hannover, Deutschland                Berlin, Deutschland

Winfried Schulz

# Medien und Wahlen

 Springer VS

Winfried Schulz
Nürnberg, Deutschland

ISBN 978-3-658-00856-7        ISBN 978-3-658-00857-4 (eBook)
DOI 10.1007/978-3-658-00857-4

Die Deutsche Nationalbibliothek verzeichnet diese Publikation in der Deutschen Nationalbibliografie; detaillierte bibliografische Daten sind im Internet über http://dnb.d-nb.de abrufbar.

Springer VS

Gedruckt auf säurefreiem und chlorfrei gebleichtem Papier

Springer Fachmedien Wiesbaden ist Teil der Fachverlagsgruppe Springer Science+Business Media
(www.springer.com)

# Inhalt

1. Einstieg: Werden Wahlen
noch im Fernsehen gewonnen?   | 7

2. Aufbau des Bandes   | 19

3. Wahlkampfmedien und Medienwahlkampf   | 23

4. Das Medienbild der Kampagne   | 59

5. Medieneinfluss auf die Wahl   | 87

6. Fazit und offene Fragen   | 121

Zum Weiterlesen   | 127

Glossar   | 133

Abbildungsverzeichnis   | 139

# 1. Einstieg: Werden Wahlen noch im Fernsehen gewonnen?

Moderne Wahlkämpfe sind auf Medien angewiesen. Es liegt also nahe anzunehmen, dass die Rolle der Medien im Wahlkampf ausschlaggebend sein kann für das Wahlergebnis. Vor allem dem Fernsehen wurde lange Zeit eine wahlentscheidende Bedeutung beigemessen. Inzwischen gilt das mehr und mehr für das Internet. Was ist dran an diesen Vermutungen? Dieses Kapitel liefert dazu einige Argumente und gibt einen Überblick über die unterschiedlichen Rollen der Medien im Wahlkampf.

Kaum liegen am Wahlabend die ersten Hochrechnungen vor, konzentrieren sich Politiker und Journalisten darauf, nach den Ursachen der Ergebnisse zu suchen. Häufig wird die Erklärung bei den Medien und ihrer Berichterstattung gefunden. »Wahlkämpfe können im Fernsehen gewonnen oder verloren werden.« Dieses Resümee zog der ehemalige Wahlkampfmanager der CDU Peter Radunski aus jahrzehntelanger Erfahrung und aus einer Vielzahl von wissenschaftlichen Befunden. Als Begründung nannte er vor allem zwei »Hauptwirkungen« des Fernsehens: zum einen die langfristige Beeinflussung der Wähler in ihrer Haltung zu politischen Themen und Personen, zum anderen den kurzfristigen Einfluss auf unentschlossene, politisch uninteressierte Wähler.

Erste Erklärungen für das Wahlergebnis werden in der »Elefantenrunde« am Wahlabend gesucht, in der Spitzenvertreter der Parteien von Journalisten nach ihrer Interpretation des Wahlergebnisses befragt werden. Bei der Bundestagswahl 2005 war der Noch-Kanzler Gerhard Schröder seiner Kontrahentin Angela Merkel knapp unterlegen. Für sein schlechtes Abschneiden machte er die »Medienmacht« verantwortlich. Der Wortwechsel war eine besonders spektakuläre Schuldzuweisung an das Fernsehen. Es lohnt, die Szene auf YouTube noch einmal anzuschauen (http://www.youtube.com/watch?v=SdkuQNvuJgs). Bei seinem Auftritt in der Diskussionsrunde ging Schröder frontal die Moderatoren an. Die erste verbale Watschen fing sich ZDF-Chefredakteur Nikolaus Brender ein:

Brender: »*Herr Bundeskanzler …*«
Schröder: (fällt ihm ins Wort) »*Ist ja schön, dass Sie mich so ansprechen.*«
Brender: »*Sind Sie denn jetzt schon zurückgetreten?*«
Schröder: »*Nein, überhaupt nicht, Herr Brender.*«
Brender: »*Weil Sie das verwundert. Also, ich sage noch einmal: Herr Bundeskanzler, das sind Sie ja noch bis zur Neuwahl eines neuen …*«
Schröder (fällt ihm ins Wort): »*Das bleibe ich auch, Herr Brender, auch wenn Sie dagegen arbeiten.*«
Brender: »*Ob wir dagegen arbeiten?*«
Schröder: »*Ja.*«
Brender: »*Sie haben von Medienmacht und Medienkampagne geredet.*«
Schröder (fällt ihm ins Wort): »*Ja, zu Recht. Zu Recht, wie ich finde.*«

Eine Schlüsselrolle im Wahlkampf wird insbesondere den Fernsehdebatten zugeschrieben. Legendär sind die Debatten zwischen den damaligen Kandidaten Richard Nixon und John F. Kennedy im US-amerikanischen Präsidentschaftswahlkampf 1960. Der unerwartete Sieg Kennedys wurde von vielen Beobachtern seiner Fernsehperformance zugeschrieben.

Aber stimmt es noch, dass die Wahl im Fernsehen gewonnen wird? Sind inzwischen Internet und soziale Medien nicht viel wichtiger geworden als das Fernsehen? Wenige Monate vor der Bundestagswahl 2013 veröffentlichten viele Medien die Ergebnisse einer Wählerumfrage unter der Überschrift »Online-Kampagnen entscheiden die Bundestagswahl«. Die Umfrage hatte der Bundesverband Informationswirtschaft, Telekommunikation und neue Medien (BITKOM) in Auftrag gegeben. Immer wieder wird auch auf die Online-Kampagne von Barack Obama verwiesen als entscheidend für seinen Sieg bei der Präsidentschaftswahl 2008. Doch an dieser Deutung gibt es auch Zweifel. So meint der Kampagnenberater Frank Stauss, dass auch bei der Obama-Wahl 2008 die Fernsehkampagne der wahlentscheidende Faktor war, denn: »Obama steckte 22-mal mehr in das ›alte‹ Medium TV als ins Web …«[1].

## Die unterschiedlichen Rollen der Medien

In modernen Wahlkämpfen spielen die Medien eine immer wichtigere Rolle. Das hat mehrere Gründe. Es gibt immer mehr und immer wieder neue Medien, die zum einen den Parteien und Kandidaten als Wahlkampfplattform und zur Wähleransprache dienen. Zum anderen bietet die Medienvielfalt den Wählern immer breitere Möglichkeiten der Information und Meinungsbildung. Die neuere Medienentwicklung hat zudem die Rolle der Wähler verändert. Sie sind nicht mehr nur passive Beobachter des Wahlkampfs, sondern können sich auch aktiv in die Wahlkommunikation einmischen.

1  Frank Stauss: Höllenritt Wahlkampf. Ein Insider-Bericht. München 2013, S. 34

Bis Anfang des vergangenen Jahrhunderts waren Zeitungen und Zeitschriften die einzigen sogenannten Massenmedien, die auch für politische Propaganda – wie es damals hieß – eingesetzt wurden. Dann kamen zunächst der Kinofilm und das Radio hinzu. Seit den 1950er Jahren trat das Fernsehen seinen Siegeszug an und wurde zum populärsten Medium und auch zum wichtigsten Wahlkampfmedium. Die nächste Medienrevolution brachte in den 1990er Jahren das Internet mit seinen Webseiten, Foren, E-Mails und sozialen Netzwerken wie Facebook und Twitter. Und seit einigen Jahren erleben wir, wie die »klassischen« Massenmedien und die neuen Medien zunehmend verschmelzen und auf Endgeräten wie Smartphones und Tablet-Computern mobil genutzt werden. Die neuen Medien bieten den Wählern ganz neue Möglichkeiten der politischen Beteiligung. Sie können ihre Meinung äußern, Informationen und Meinungen mit anderen teilen, sich in Unterstützergruppen engagieren und politische Aktionen organisieren.

In der öffentlichen Diskussion hört man gelegentlich pessimistische Äußerungen über den Untergang der »klassischen« Massenmedien und der »seriösen« politischen Berichterstattung. Alle bisherigen Erfahrungen zeigen jedoch, dass jeweils neue Medien die alten Medien nicht gänzlich verdrängen. Durch die neue Konkurrenz werden alte Medien auf das beschränkt, was sie noch am besten leisten können. Daher bringt die Entwicklung ein immer vielfältigeres Medienangebot. Zweitens setzen sich nur solche neuen Medien durch, deren Kommunikationsleistungen deutlich besser und attraktiver sind als die der alten Medien. Das Leistungsspektrum des Mediensystems, das den Nutzern zur Verfügung steht, wurde so immer breiter. In der Folge wuchs die Bedeutung der Medien in der Gesellschaft und im Leben der Bürger, und sie wird voraussichtlich weiter wachsen. Schon jetzt ist es so, dass in Deutschland die meisten Menschen der Mediennutzung mehr Zeit widmen als jeder anderen Beschäftigung. Und in allen entwickelten Ländern weltweit sieht das ähnlich aus.

Auf Grund ihrer gesellschaftlichen Bedeutung und ihrer hohen Reichweite sind die Medien eine besonders wichtige *Plattform.* Zeitungen und Zeitschriften, Radio und Fernsehen, Webseiten und soziale Netzwerke bieten Politikern, Vertretern verschiedenster gesellschaftlicher Gruppen und auch einzelnen Bürgern ein *politisches Forum.* Eine große politische Öffentlichkeit wird so hergestellt. In Wahlkampfzeiten sind Diskussionen und Auseinandersetzungen über Fragen von aktueller oder grundsätzlicher Bedeutung besonders wichtig. Sie dienen den Politikern zur Klärung ihrer Positionen und den Bürgern zur Anregung ihrer Meinungsbildung. Sie dienen auch der Mobilisierung der Bürger, und zwar zur politischen Beteiligung, speziell zur Wahlbeteiligung. Die neuen Medien haben diese Funktionen noch einmal erweitert: Sie sind wirksame Instrumente zur Organisation von Interessen und politischen Aktionen.

Aus der Sicht der Parteien und der Kandidaten, die gewählt werden wollen, sind die Medien ein *Sprachrohr,* um ihre politischen Ziele und Botschaften zu verbreiten. Wichtige Ziele sind zunächst, bei den Wählern bekannt zu werden, Aufmerksamkeit zu erregen und Interesse zu wecken. Die Parteien wollen ihre politischen Botschaften »rüberbringen«. Ihre Ziele und Argumente sollen wahrgenommen, verstanden und akzeptiert werden. Darüber hinaus sind die Medien Einflussinstrumente und *Werbeträger* im Wahlkampf. Die Wähler sollen überzeugt und zur Stimmabgabe für eine der politischen Richtungen bewegt werden. Dem dient ein breites Repertoire der Kampagnenkommunikation. Neben traditionellen Werbemitteln wie Broschüren, Plakaten und Anzeigen gehören dazu Werbesendungen in Radio und Fernsehen und seit der Einführung des Internets eine Vielzahl neuer Formen der Online-Werbung.

Wie Wahlkommunikation wirkt, ist seit Beginn der empirischen Kommunikationsforschung eine ihrer zentralen Fragen. Viele Wirkungstheorien, die zu ihrem wissenschaftlichen Kernbestand gehören, wurden im Kontext von Wahlkampagnen entwickelt. Einige der wichtigsten Theorien werden im 4. Kapitel vorgestellt; ebenso die Erkenntnis, dass man Wirkungstheorien nicht für sich betrachten kann, sondern vermittelnde und bedingende Faktoren mit berücksichtigen muss.

Eine wichtige Funktion der Medien besteht darin, die Handlungen und Äußerungen im Wahlkampf zu beobachten und öffentlich zu machen. Ihre Aufgabe ist die Politikvermittlung, teils in Form von Nachrichten und Berichten herkömmlicher Medien, teils mit ihren Angeboten im Internet und in sozialen Netzwerken. Die verschiedenen Medien und Inhaltsangebote dienen den Wählern als Informationsquelle, um sich ein Bild von den Parteien und Kandidaten zu machen. An den Medieninhalten sind auch Politiker interessiert, die ihre Mitbewerber beobachten wollen. Diese Aufgabe übernehmen teils die von den Parteien beschäftigten Teams und Fachleute für die Gegnerbeobachtung. Sie richten ihr Augenmerk auch auf Fehler und Fehlleistungen, die sich bei einer Strategie des Angriffswahlkampfs zur Schwächung politischer Gegner nutzen lassen.

Zu den interessierten Beobachtern von Medien und Kommunikationsinhalten gehören die Journalisten selbst. Eine wechselseitige, auch kritische Beobachtung der Medien untereinander ist ein wichtiges Korrektiv, das fehlerhafte Berichterstattung oder gar absichtliche Verfälschung verhindern hilft. Wenn allerdings die wechselseitige Beobachtung dazu dient, die Themen und Tendenzen anderer Medien zu übernehmen und auf einer allgemeinen Welle mitzuschwimmen, kann das die Informations- und Meinungsvielfalt einschränken. Es kann Konformität und »Konsonanz« im Mediensystem entstehen. Die Wähler sind dann in ihren Selektionsmöglichkeiten eingeschränkt. Sie finden im Extremfall eine einförmige

Medienrealität und ein einheitliches Meinungsklima vor. Von einer solchen »Medienkampagne« kann mitunter ein starker politischer Einfluss ausgehen. In dem eingangs zitierten Fernseh-Disput macht der ehemalige Bundeskanzler Schröder eine »Medienkampagne« für sein schlechtes Abschneiden bei der Bundestagswahl verantwortlich.

Presse, Radio und Fernsehen mit ihren herkömmlichen Ausgaben und ihren Angeboten im Internet (wie auch viele Blogger) können durchaus politisch einseitig sein. Sie vertreten eigene politische Meinungen und Interessen. Das ist sogar gewollt, soweit es der politischen Meinungsbildung der Bevölkerung dient. Das deutsche Grundgesetz sichert in Artikel 5 ausdrücklich auch den Medien die Freiheit der Meinungsäußerung zu. Sie können in *Kommentaren* eine eigene politische Meinung veröffentlichen. Doch muss diese als Meinungsäußerung erkennbar und von der Berichterstattung getrennt sein.

Das Trennungsgebot wird allerdings nicht immer befolgt. Außerdem haben die Medien noch andere, teils sehr subtile Mittel, um eigene politische Interessen zu verfolgen. Ein geläufiges Mittel besteht darin, Fakten, Argumente und Zitate so auszuwählen und herauszustellen (oder wegzulassen bzw. herunterzuspielen), dass sie eine bestimmte politische Position begünstigen. Ob die Medien objektiv und neutral berichten oder bestimmte Parteien und Kandidaten unterstützen, ist oft ein Streitpunkt in Wahlkampfzeiten. Der Frage gehen Medienanalysen nach, die inzwischen bei jeder Wahl durchgeführt werden. Mehrere Universitätsinstitute untersuchen neben der Objektivität der Berichterstattung auch umfassender das Medienbild der Kampagne und das Medienimage der Kandidaten.

## Jeder Wahlkampf ist anders

Wissenschaftliche Analysen suchen oft nach Gesetzmäßigkeiten, die über den Einzelfall hinaus gültig sind. Das bietet die Möglichkeit, Vorhersagen zu machen und begründete Entscheidungen zu treffen, zum Beispiel für die Wahlkampfplanung. Aus dem, was die Wissenschaft bisher über Medien und Wahlen erforscht hat, lassen sich durchaus auch Gesetzmäßigkeiten und Trends ableiten. Einige davon werden in diesem Buch beschrieben. Aber es ist sehr unwahrscheinlich, dass sie für alle Zeiten gelten, für alle Wahlkämpfe. »Jeder Wahlkampf ist anders« lautet das schlichte, aber zutreffende Resümee, das die Kommunikationsforscherin Christina Holtz-Bacha aus Langzeitbeobachtungen zieht.[2] Welche Rolle die Medien im Wahlkampf spielen und welchen Einfluss sie ausüben, ist von vielen Voraussetzungen abhängig, zum Beispiel von den Eigenschaften und Dispositionen der anzusprechenden Wählergruppen, von den Kräfteverhältnissen zwischen den einzelnen Parteien, von aktuellen Ereignissen und den drängenden Problemen zur Zeit des Wahlkampfs, von der wirtschaftlichen Lage, vom verfügbaren Budget und Personal für das Kampagnenmanagement.

Wenn man die Rolle der Medien bei Wahlen nicht nur in Deutschland betrachtet, sondern auch in anderen Ländern, sind deren Besonderheiten zu berücksichtigen: Das Wahlsystem, das zu wählende Organ (z. B. Präsident oder Parlament), auch die Organisation der Medien (staatlich, öffentlich-rechtlich, privat), Vorschriften zu ihrem Einsatz im Wahlkampf und vieles mehr. Deshalb ist es auch immer problematisch, Beobachtungen und wissenschaftliche Erkenntnisse aus anderen Ländern auf Deutschland zu übertragen.

---

2   Christina Holtz-Bacha: Personalisiert und emotional: Strategien des modernen Wahlkampfes. In: Aus Politik und Zeitgeschichte, 2006, Nr. 7, S. 18

Das schließt allerdings nicht aus, Vergleiche anzustellen. So ist der Vergleich mit den USA in wissenschaftlichen Betrachtungen recht häufig, und auch in der Praxis der Wahlkampfplanung spielt er eine Rolle. Allerdings wird dabei nicht immer beachtet, dass sich Wahlkämpfe in den USA von denen in Deutschland erheblich unterscheiden. Bisher gibt es erst wenige international vergleichende Studien dazu, wie sich die Besonderheiten einzelner Länder auf die Rolle der Medien im Wahlkampf auswirken.

Auch aus diesem Grund werden Wahlen hier in erster Linie aus deutscher Sicht betrachtet. Der Blick richtet sich vorwiegend auf Wahlen zum Deutschen Bundestag, nur teilweise auch auf Landtags- und Kommunalwahlen, auf Europawahlen und Nationalratswahlen in Österreich. In manchen Kampagnen geht es um Abstimmungen (Referenden) über rechtliche Regelungen oder Sachfragen. In der Schweiz und in einigen Staaten der USA ist das häufiger der Fall, in Deutschland eher selten. Die Rolle der Medien in Abstimmungskampagnen ähnelt der in Wahlkampagnen. Sie wird daher hier nicht gesondert betrachtet, zumal Abstimmungen und Wahlentscheidungen oft zeitgleich stattfinden.

Mit dem Ausdruck Wahlkampf oder *Kampagne* sind üblicherweise die Aktivitäten gemeint, mit denen Parteien und Kandidaten für ihre politischen Ziele und um die Stimmen der Wähler werben. Dabei ist es nicht so selbstverständlich, die zeitliche Ausdehnung einer Kampagne zu bestimmen. Ihr Ende ist zwar durch den Wahltag, den Tag der Entscheidung klar definiert. Ihr Beginn ist aber weniger eindeutig. Politiker pflegen oft zu sagen: »Nach der Wahl ist vor der Wahl.« Den Blick nach vorn zu richten, ist nicht nur motivierend, wenn man am Wahltag schlecht abgeschnitten hat. Das ist speziell in Deutschland auch deshalb geboten, da oft schon bald die nächste Wahl auf Bundes-, Landes-, Kommunal- oder Europaebene ansteht.

Außerdem entspricht das einer Kampagnentheorie, die der

frühere amerikanische Präsidentenberater Sidney Blumenthal 1980 mit seinem Buch »The Permanent Campaign« populär machte. Das Rezept scheint jedoch schon älter zu sein, wenn wir Angela Merkel glauben können. Sie schrieb in einem im Jahr 2000 veröffentlichten Aufsatz über »Strategische Wahlkampfplanung«: »›Der nächste Wahlkampf beginnt am Tag nach der Wahl‹, hat Konrad Adenauer einmal gesagt; soll heißen: Wahlkampf ist eigentlich immer.«

Kerngedanke der Lehre von der *permanenten Kampagne* ist, dass eine Partei während der gesamten Legislaturperiode ihr politisches Handeln und dessen öffentliche Darstellung auf die Medienbeachtung ausrichtet. Sie sollte die Deutungshoheit über aktuelle Themen erobern und behalten. Gemeint ist damit, dass ein politisches Thema oder Problem möglichst in der Sichtweise behandelt wird, die den Interessen der Partei nützt.

Die Lehre von der permanenten Kampagne verweist darauf, dass politisches Handeln und dessen Vermittlung durch die Medien für die Wahlentscheidung der Bürger bedeutsam sind, auch wenn der Wahltermin noch Monate oder Jahre in der Zukunft liegt. Gleichwohl konzentrieren sich die meisten Kampagnenaktivitäten auf die letzten Wochen vor dem Wahltag, auf eine »heiße Phase«. Sie wird im Allgemeinen durch Wahlparteitage eingeläutet, auf denen die Parteien ihr Wahlprogramm und die Spitzenkandidaten herausstellen. In den USA sind das traditionell die *conventions* der Demokraten und Republikaner. Diese werden im Hinblick auf eine möglichst breite Medienbeachtung attraktiv gestaltet, teils theatralisch inszeniert. Die deutschen Parteien haben davon einiges abgeschaut.

In der Endphase des Wahlkampfs intensivieren die Parteien und Kandidaten ihre Aktivitäten, suchen Wählerkontakte mit Kundgebungen und an Info-Ständen, stellen noch einmal neue Plakatmotive auf, verteilen Broschüren und erhalten Sendezeit in den öffentlich-rechtlichen Sendern für die

Ausstrahlung von Wahlspots. Auf diese »heiße Phase« konzentrieren sich auch die meisten Analysen des Medienbilds
der Kampagne, des Umgangs der Wähler mit der Wahlkommunikation und des Medieneinflusses auf den Wahlkampf.

# 2. Aufbau des Bandes

Medien und Wahlen« – der Titel dieses Bandes – ist eine stark vereinfachende Formulierung. Das sollte die voranstehende Einleitung durch den Hinweis verdeutlichen, dass es nicht nur verschiedene Medien gibt, sondern dass man auch verschiedene Rollen der Medien unterscheiden muss. Den Medien werden diese Rollen von verschiedenen Akteuren zugewiesen, das heißt von Personen oder Gruppen, die am Wahlkampf beteiligt und interessiert sind, die vom Ergebnis der Wahl betroffen sind. Zu diesen Akteuren gehören zunächst die Parteien und die Kandidaten. An ihrer Seite stehen die Wahlkampfmanager, die teils der Parteiorganisation angehören, teils externe Berater und »Dienstleister« sind. Sie bieten das Knowhow an, das den Parteien und Kandidaten dazu verhelfen soll, eine erfolgreiche Kampagne zu führen. Oder sie liefern Informationen, zum Beispiel aus Meinungsumfragen. Daraus können die Parteien und Kandidaten erkennen, wo sie in der Wählergunst stehen und mit welchen Slogans und Werbemotiven sie am besten beim Wähler ankommen.

Wichtige Wahlkampfakteure sind auch die Medien und die Journalisten. Das Wahlkampfgeschehen liefert ihnen Stoff für die Berichterstattung, besonders wenn es viele Kontroversen zwischen den Parteien und Kandidaten gibt und wenn das Ergebnis der Wahl lange offen ist. Zum Teil sorgen die Medien selbst für Stoff, indem sie Umfragen in Auftrag geben und indem sie Medienereignisse inszenieren. Besonders wichtige Medienereignisse sind die Fernsehduelle der Spitzenkandidaten. Dadurch, dass sie Urheber dieser Ereignisse sind, kreieren die Medien selbst einen Teil des Wahlkampfgeschehens, über das sie berichten. Oft geht ihre Beteiligung am Wahlkampf noch darüber hinaus, wenn sie sich in Kommentaren wertend zu den Parteien und Kandidaten, zu deren Programmen und Aktivitäten äußern. Nicht selten sind solche Wertungen auch versteckt in der Art ihrer Berichterstattung, z. B. im unterschiedlichen Grad der Beachtung der Parteien und ihrer Wahlkampfthemen.

Nicht zuletzt sind die Wähler wichtige Akteure im Wahlkampf. Sie sind zum einen Betroffene, weil das Wahlergebnis für sie mehr oder weniger gravierende Folgen hat. Zum Teil bringt es direkte Eingriffe in ihr persönliches Leben, etwa wenn die neu gewählte Regierung Steuern erhöht oder Subventionen kürzt. Alle Wähler sind direkt beteiligte Akteure durch ihre Stimmabgabe und Wahlentscheidung. Einige Wähler beteiligen sich darüber hinaus besonders aktiv am Wahlkampf, indem sie in der Kampagne einer Partei mitarbeiten, zum Beispiel Plakate kleben oder am Info-Stand Broschüren verteilen. Andere Wähler beteiligen sich aktiv am Wahlkampf ohne Anbindung an eine Partei, und zwar mit Hilfe der neuen Medien. Internet und soziale Netzwerke bieten viele neue Möglichkeiten des politischen Engagements, zum Beispiel durch die Verbreitung eigener Kommentare in einem Blog, mit Meinungsäußerungen durch Likes oder Retweets in sozialen Medien wie Facebook bzw. Twitter, oder mit satirisch verfremdeten Wahlplakaten auf einem Webportal wie Tumblr.

Je nachdem, welche der drei erwähnten Akteursgruppen man ins Zentrum rückt, ergibt sich ein anderer Blick auf das Thema Medien und Wahlen. Das liegt allein schon daran, dass sich die jeweiligen Ziele und Aktivitäten der Akteure unterscheiden, ebenso wie die daraus resultierenden Folgen und die Reaktionen der anderen beteiligten Akteure. Das berücksichtigt der Aufbau dieses Bandes. Im folgenden Kapitel geht es zunächst um die Interessen und Wahlkampfaktivitäten der Parteien und Kandidaten, danach um die der Medien und schließlich um die der Wähler. In den einzelnen Kapiteln steht jeweils eine andere Akteursgruppe mit ihrer besonderen Perspektive auf das Thema Medien und Wahlen im Mittelpunkt.

Diese Betrachtung deckt sich zum Teil mit einem anderen Gliederungsprinzip. Da jeder Wahlkampf ein Kommunikationsprozess ist, kann man das Thema Medien und Wahlen mit der Frage erschließen: Wer sagt was zu wem und mit welcher Wirkung? Diese »Lasswell-Formel«, benannt nach dem amerikanischen Wissenschaftler Harold D. Lasswell, der sie schon Ende der 1940er Jahre vorschlug, gliedert den Kommunikationsprozess in die Elemente Kommunikator (wer?), Mitteilung (was?), Rezipient (zu wem?) und Wirkung.

Dementsprechend geht es im folgenden Kapitel um Parteien und Kandidaten als Kommunikatoren, um ihre Kommunikationsziele, deren Umsetzung in der Kampagne, die dabei verwendeten Maßnahmen und Medien und deren unterschiedliche Kommunikationsleistung. Zur Gruppe der Kommunikatoren gehören neben den Parteien und Kandidaten auch ihre Wahlkampfmanager, Helfer und Unterstützer und ebenso die schon erwähnten Berater und Dienstleister. Mehr noch: Seit die neuen Medien den Bürgern vielfältige Möglichkeiten des Publizierens und einen leichten Zugang zur Öffentlichkeit bieten, betätigen sich mehr und mehr Wähler auch als Kommunikatoren. Aus diesem Grund geht es in einem Abschnitt des folgenden Kapitels auch um die Frage, inwieweit die Bürger die neuen Medien nicht nur als Rezipienten, sondern auch als Kommunikatoren nutzen.

Das daran anschließende 4. Kapitel untersucht die Inhalte des Wahlkampfs, wie sie von den herkömmlichen Medien ausgewählt und verbreitet werden. Eines der Anliegen ist es, die Gesetzmäßigkeiten zu verdeutlichen, nach denen die Nachrichtenmedien operieren. Auf Grund dieser Gesetzmäßigkeiten entsteht ein Medienbild des Wahlkampfs, das nicht nur das Verhalten der Wähler beeinflusst, sondern auch das Wahlkampfgeschehen, die Aktivitäten der Parteien und Kandidaten.

Der Einfluss der Medien steht schließlich im Mittelpunkt des 5. Kapitels. Den Einfluss kann man an unterschiedlichen Kriterien feststellen, nicht nur an der Wahlentscheidung. Ausschlaggebend ist zunächst, ob und welche Medien und Mittel der Wahlkommunikation genutzt werden, wie die Wähler deren Informationsnutzen einschätzen und unter welchen Voraussetzungen es zur Verarbeitung der Information kommt, so dass die Wähler eine Vorstellung von den zu wählenden Parteien und Kandidaten gewinnen können. Welchen Einfluss die Medien auf die Bildung von politischen Vorstellungen und Einstellungen ausüben und unter welchen Bedingungen das schließlich in eine Wahlentscheidung mündet, erklären verschiedene theoretische Modelle. Daran anschließend wird die Frage beantwortet, die vor allem Praktiker der Wahlkommunikation interessiert: Ist Medieneinfluss planbar?

Das Schlussfazit greift noch einmal wichtige Aspekte der voranstehenden Kapitel auf und diskutiert die Frage, wie sich der Medienwandel in Zukunft auf Wahlkämpfe, auf das Wählerverhalten und auf die Politik auswirkt.

# 3. Wahlkampfmedien und Medienwahlkampf

Moderne Wahlkämpfe werden strategisch geplant. Sie orientieren sich an Prinzipien und Rezepten des Marketings. Eine zentrale Aufgabe ist dabei, die verfügbaren Medien und Kommunikationsmittel möglichst effizient einzusetzen. Den Kampagnenplanern steht inzwischen ein umfangreiches Repertoire der Wahlkommunikation zur Verfügung, neben den herkömmlichen Medien und Werbemitteln auch eine Reihe neuer Online-Instrumente. Dazu gehört die Inszenierung der »politischen Kampagne« in den Massenmedien. Dieses Kapitel behandelt die Besonderheiten und Erfolgschancen einzelner Wahlkampfinstrumente und die wichtigsten Gesichtspunkte, die bei ihrem Einsatz eine Rolle spielen.

Parteichef Schlömer wolle die Kandidaten der Piratenpartei »als frisch und authentisch verkaufen«, meldete Spiegel-Online vor der Bundestagswahl 2013. Journalisten greifen oft – wie in diesem Fall – zum Vokabular von Marketing und kommerzieller Werbung, um den Wahlkampf und seine Ziele zu beschreiben. Allerdings ist die Analogie gar nicht mal so abwegig, denn Wahlkampf ist strategische Kommunikation. Seine Bedingungen und Gesetzmäßigkeiten ähneln der strategischen Kommunikation für Wirtschaftswerbung, Public Relations und politische Propaganda. Wegen dieser Gemeinsamkeiten lassen sich Prinzipien und Rezepte des Marketings bei der Wahlkampfplanung anwenden.

## Wahlkampf als strategische Kommunikation

Zu den Grundprinzipien der strategischen Kommunikation gehört eine systematische Kampagnenplanung. Sie ist auf mehrere Arenen ausgerichtet: auf die Wähler, auf die Parteiorganisation und Parteimitglieder, auf Unterstützer und der Partei nahestehende Organisationen (wie Gewerkschaften und Verbände) und nicht zuletzt auf die Medien.

Grundlage der Kampagnenplanung ist eine *Situationsanalyse.* Sie dient dazu, die vielfältigen Randbedingungen abzuklären, auf die sich der Wahlkampf einzustellen hat. Es sind dies die politischen Einstellungen und Wahlabsichten in verschiedenen Bevölkerungsgruppen, die Stimmung unter Parteimitgliedern, aktuelle Ereignisse und Themen und deren Behandlung in wichtigen Medien, auch die Strategien und Maßnahmen der anderen Parteien. Die Situationsanalyse geht der Kampagnenplanung voraus und begleitet die Kampagne, damit man auf Änderungen der Randbedingungen schnell reagieren kann. Im Idealfall stützt sich die Situationsanalyse auch auf wissenschaftlich erarbeitete Befunde von anerkannten Instituten und Experten, auf mehr oder weniger umfängliche Umfragen, Fokusgruppen-Diskussionen, Medienanalysen und systematische Beobachtungen.

Die gleichen Methoden werden, wenn möglich, auch für *Opportunitätsanalysen* eingesetzt. Opportunitätsanalysen dienen dazu, Chancen und Risiken möglicher Wahlkampfthemen abzuschätzen. Zum anderen helfen sie dabei, die Stärken und Schwächen der Kandidaten zu analysieren. Das gilt vor allem für die Spitzenkandidaten der Parteien, insbesondere für Kanzlerkandidaten, im Prinzip aber auch für einzelne Wahlkreiskandidaten. Opportunitätsanalysen liefern Anhaltspunkte dafür, wie man die Kandidaten am besten in der Kampagne einsetzt, wie man sie am vorteilhaftesten in der Wahlwerbung darstellt und wie sie sich besonders günstig bei Medienauftritten präsentieren können.

Bei der eigentlichen strategischen Planung geht es zunächst darum, sich für eine zentrale Botschaft der Kampagne und für eine einheitliche Kommunikationsstrategie zu entscheiden. Parteien, die an der Regierung sind, setzen meist darauf, das bisher Erreichte positiv herauszustellen. Ihre zentrale Botschaft lautet dann: Weiter so. Oppositionsparteien führen oft einen mehr oder weniger scharfen Angriffswahlkampf. Sie kritisieren die bisherige Regierung, konzentrieren sich auf deren Fehler und Schwächen. Mit ihrem Wahlprogramm versuchen sie, die Wähler davon zu überzeugen, dass sie vieles besser machen können.

Die zentrale Botschaft wird in möglichst griffige Slogans und eindrucksvolle Bildmotive für die Wahlwerbung umgesetzt. Sie soll die wichtigsten Elemente des Wahlprogramms auf eine einfache Formel bringen. Die Parteien wählen dafür Slogans, die man auch bei flüchtigem Kontakt leicht erfassen kann, die aber auch oft als inhaltsleer kritisiert werden. Bei der Bundestagswahl 2013 waren das zum Beispiel die Slogans »Gemeinsam erfolgreich« (CDU) und »Das Wir entscheidet« (SPD). Berühmt und immer wieder zitiert wurden die CDU-Slogans »Keine Experimente« und »Freiheit statt Sozialismus« aus den Bundestagswahlkämpfen 1957 bzw. 1976.

Wenn es das Wahlkampfbudget zulässt, werden Slogans, Bildmotive, Radio- und Fernsehspots in *Pretests* daraufhin geprüft, wie sie bei den Wählern ankommen. Die Wahlwerbung muss für den Einsatz in verschiedenen Medien unterschiedlich gestaltet werden. Es ist auch sinnvoll, verschiedene Wählergruppen unterschiedlich anzusprechen, etwa Wähler in großen Städten und in ländlichen Gebieten, in einzelnen Bundesländern, Erstwähler und Gewohnheitswähler, Parteianhänger und Unentschlossene. Grundlage dafür sind Zielgruppenanalysen auf der Grundlage empirischer Daten, z. B. aus Umfragen und von statistischen Ämtern.

Zur strategischen Planung gehört auch, dem *Image* der Kandidaten eine prägnante Kontur zu geben, und zwar insbesondere bei Kandidaten für höchste Regierungsämter. Das geschieht ebenfalls auf der Basis von empirischen Daten aus Umfragen und Medienanalysen. Anders als oft vermutet, lässt sich das Kandidatenimage nicht beliebig formen. Um glaubwürdig zu sein, muss das Image die vorhandenen Stärken in der öffentlichen Wahrnehmung einer Person aufgreifen und diese akzentuieren, vorhandene Schwächen nach Möglichkeit kaschieren oder ins Positive umdeuten.

Beispiele dafür ließen sich bei der Bundestagswahl 2013 beobachten. Die Kandidatin Angela Merkel wurde als treusorgende Landesmutter inszeniert. Das knüpfte an die Wahrnehmung ihres Politikstils an, den der Politologe Herfried Münkler so beschreibt: Sie kann »sehr gut kommunizieren, dass sie sich um die Dinge kümmert und nicht hemdsärmelig über Probleme hinweggeht. Vom Gesichtsausdruck bis hin zur Gestik kann sie Sorge und Besorgtheit zum Ausdruck bringen, was wichtig ist, um Vertrauen zu erwecken.«[3] Der Kandidat Peer Steinbrück wurde demgegenüber in der Wahlkommunikation seiner Partei mit Eigenschaften wie »kantig« und »klar« beschrieben. Sie sollten seine spröde Art und die Neigung zu unbeherrschten Äußerungen ins Positive wenden.

Die strategische Planung ist Grundlage der Detailplanung und des Einsatzes verschiedener Maßnahmen. Es kommt darauf an, die verfügbaren finanziellen und personellen Ressourcen möglichst effizient einzusetzen, die Aktivitäten der Parteiorganisation, von externen Dienstleistern und freiwilligen

---

3    Interview mit Herfried Münkler, in: Hessische/Niedersächsische Allgemeine Online vom 17. 12. 2013 (http://www.hna.de/nachrichten/politik/interview-politologe-herfried-muenkler-ueber-angela-merkel-ihren-politikstil-3276246.html)

Helfern zu koordinieren, sich auf feste Termine und unerwartete Ereignisse einzustellen. Dazu gehört vor allem der Einsatz der Kandidaten bei Kundgebungen, an Info-Ständen, für Hausbesuche und bei Medienauftritten. Flankiert wird das durch die Presse- und Öffentlichkeitsarbeit. Zu deren Aufgaben gehört nicht nur, Journalisten mit Informationen zu versorgen, mit Pressemitteilungen, Pressekonferenzen und Hintergrundgesprächen. Es geht auch darum Themen zu setzen, die sich günstig in die Kommunikationsstrategie der Kampagne fügen.

Schließlich müssen die verschiedenen Werbemaßnahmen abgewickelt werden. Dabei helfen Streupläne bzw. Media-Mix-Pläne, die man vorab auf ihre Effizienz bewerten kann. Das heißt, man kann errechnen, wie viele Wählerkontakte das verfügbare Budget ermöglicht, und zwar jeweils innerhalb einzelner Wählergruppen. Dafür gibt es erprobte Instrumente, die in der Mediaplanung für Werbekampagnen der Wirtschaft gebräuchlich sind. Tabelle 1 führt die wichtigsten Elemente einer strategisch angelegten Kampagne nach Art einer Checkliste auf.

Ob und wie die einzelnen Elemente in der Praxis berücksichtigt werden, hängt auch von der Art der Wahl ab. Die Planung für eine bedeutende Wahl wie die zum Bundestag unterscheidet sich naturgemäß von der Planung für eine eher »nachrangige« Wahl z. B. auf Landes- oder Gemeindeebene.

## Professionalisierung der Kampagne

Die Orientierung an Prinzipien und Praktiken des Marketings hat die Wahlkämpfe in den letzten Jahrzehnten stark verändert. Der Wandel wird oft mit Begriffen wie »Professionalisierung« und »Amerikanisierung« beschrieben. Professionalisierung meint in erster Linie die strategische Ausrichtung, die »Verwissenschaftlichung« des Kampagnenmanagements und

**Tab. 1**    Elemente einer strategisch angelegten Kampagne

**Situationsanalyse**
- Meinungsumfragen zu Meinungsklima und Wahlabsichten
- Fokusgruppen-Diskussionen zu Sorgen, Problemen, Präferenzen der Wähler
- Analyse der Wirtschaftslage
- Analyse der Medienberichterstattung
- Stimmung in der Partei
- Gegnerbeobachtung

**Opportunitätsanalysen**
- Chancen und Risiken möglicher Wahlkampfthemen
- Stärken und Schwächen der Kandidaten
- Stärken und Schwächen der Parteiorganisation
- Stärken und Schwächen der Mitbewerber

**Strategische Planung**
- »Philosophie«, Kampagnenstil und strategische Ausrichtung (z. B. Angriffs-wahlkampf, Grad der Personalisierung)
- Wahlprogramm und thematische Positionierung
- Zentrale Botschaft und Slogans
- Gestaltung und Pretest von Wahlwerbung
- Image-Positionierung der Kandidaten
- Segmentierung der Wähler

**Planung und Einsatz der Maßnahmen**
- Finanzplanung
- Personalplanung
- Zeit- und Einsatzplanung für die Kandidaten
- Koordination der Unterstützer, Berater, Agenturen
- Presse- und Öffentlichkeitsarbeit
- Ereignis- und Themenmanagement
- Planung und Implementierung der Werbemaßnahmen

die Beteiligung von Experten für Marketing, Werbung und Public Relations. Mit Amerikanisierung ist gemeint, dass sich die Wahlkampfführung an Prinzipien und Praktiken orientiert, die aus den USA stammen. Dabei helfen Wahlkampfberater aus den USA, die für bedeutendere Wahlen in Deutschland und in anderen Ländern engagiert werden.

Die Kampagnenorganisation für eine bedeutendere Wahl liegt heute oft nicht mehr allein in den Händen der Parteiführung und engagierter »Parteisoldaten«. Parteien und Kandidaten, die sich das finanziell leisten können, nehmen das professionelle Knowhow von Agenturen in Anspruch, die im Marketing und in der Werbung tätig sind. Die Planer verlassen sich auch nicht mehr auf ihr politisches »Bauchgefühl« und auf Erfahrungen aus der Vergangenheit. Sie stützen sich zunehmend auf wissenschaftliche Methoden, auf Sozialstatistiken und Meinungsumfragen, auf Fokusgruppen und Medienanalysen. Professionelles Wahlkampfmanagement kostet Geld und ist Einkommensquelle einer bunten Schar von Wahlkampfberatern. Sie bieten – vielfach im Internet – eine Palette von Dienstleistungen für alle Arten von Kampagnen an.

Die Planung ist oft längerfristig ausgerichtet mit der Tendenz zur permanenten Kampagne. Zur Bewältigung der immer komplexeren Anforderungen ist das Kampagnenmanagement oft arbeitsteilig organisiert. Die verschiedenen Aufgaben werden in einer Organisationseinheit koordiniert, die in den USA *war room* getauft wurde. In Deutschland hat das Prinzip die SPD mit ihrer »Kampa« übernommen und die CDU mit ihrer »Arena«. Sogenannte *Spindoktoren* – meist Regierungssprecher, Pressesprecher und Generalsekretäre der Parteien, mitunter auch externe Berater – sollen den jeweils aktuellen Themen einen bestimmten »Dreh« *(spin)* geben. In früheren Zeiten wurde das als »Nachrichtenpolitik« bezeichnet. Heute ist in der wissenschaftlichen Literatur – in Anlehnung an die Begrifflichkeit des kommerziellen Marketings – die Bezeichnung »Themen-Management« *(issue management)* gebräuchlich.

Professionalisierung nach dem Vorbild des Marketings heißt auch, beim Zuschnitt der Wahlkampfthemen und beim Einsatz von Maßnahmen unterschiedliche Wählergruppen und Kampagnenphasen zu berücksichtigen. So setzen beispielsweise die größeren Parteien zum Kampagnenauftakt und zum Finale jeweils andere Plakatmotive, Anzeigen und Werbespots ein. Die Differenzierung nach Wählergruppen beruht auf dem Marketing-Prinzip der *Segmentierung.* Das bedeutet, einfach gesagt, die Wähler nicht als amorphe Masse anzusprechen, sondern die Maßnahmen auf genauer definierte Zielgruppen zuzuschneiden, zum Beispiel auf verschiedene geographische Regionen, Städte und ländliche Gebiete, Ältere und Jüngere, auf Stammwähler und Wechselwähler.

Welche Merkmale die Wählerschaft in einem Wahlkreis oder in einer Region charakterisieren, kann man aus verschiedenen statistischen Quellen erschließen. Aus den Stimmanteilen bei vergangenen Wahlen lassen sich grob die Wählerpotentiale der einzelnen Parteien abschätzen. Dazu gibt es detaillierte Informationen auf den Webseiten der statistischen Ämter. Meinungsumfragen geben Auskunft über die aktuellen Parteisympathien und Wahlabsichten. Die Umfragen stützen sich auf relativ kleine Wählerstichproben. Wenn sie mit wissenschaftlich abgesicherten Methoden durchgeführt werden, liefern sie ein repräsentatives Abbild der Wählermeinung. Die Ergebnisse sind dann auf die Gesamtheit der Wähler und einzelner Untergruppen übertragbar, allerdings immer mit einer Fehlertoleranz. Sie liegt, je nach Stichprobengröße, meist in einem einstelligen Prozentbereich. Bei den größeren Instituten der Markt- und Meinungsforschung kann man davon ausgehen, dass ihre Umfragen wissenschaftlichen Standards entsprechen.

Zunehmend wird auch auf Online-Umfragen und auf statistische Auswertungen der Aktivitäten in sozialen Netzwerken gesetzt. Deren Ergebnisse sagen allerdings in erster Linie etwas darüber aus, was für Onliner typisch ist. Diese Einschränkung von Online-Umfragen kann man durch besondere Vorkehrungen weitgehend beheben (Genaueres dazu im Glossar unter GLES). *Fokusgruppen* sind von vornherein darauf angelegt, die Meinung ganz bestimmter Wählergruppen zu erfahren, z. B. von Parteianhängern oder Unentschiedenen. Dazu werden meist sechs bis zwölf Personen zur Teilnahme an der Diskussion eingeladen, die ein erfahrener Moderator leitet. Man will Genaueres über die Motive und Hintergründe der Unterstützung oder Ablehnung einer Partei und ihrer Kandidaten erfahren oder auch über die Reaktion auf bestimmte Werbemittel. So werden Fernsehspots und Plakatmotive oft vorab getestet.

Nützliche Planungsgrundlagen sind darüber hinaus Medienanalysen, um herauszufinden, wie die Partei und ihre Kandidaten dargestellt werden, auch welche Themen in der Berichterstattung vorherrschen. Zum anderen ist es Aufgabe einiger Mitarbeiter im Planungsstab, mit einer kontinuierlichen Gegnerbeobachtung die Kampagnenaktivitäten anderer Parteien zu verfolgen. Sie sollen deren Stärken und Schwächen im Auge behalten und Angriffspunkte erkennen, auf die man möglichst schnell mit eigenen Maßnahmen reagieren kann.

Die schnelle Reaktion – *rapid response* – nicht nur auf Angriffspunkte, sondern auch mit korrigierenden Fakten und Gegenargumenten ist in den USA ein wesentliches Kampagnenelement. Eine schnelle Reaktionsfähigkeit ist naturgemäß wichtig für Parteien oder Kandidaten, die in unmittelbarem Wettbewerb um die Regierung stehen. Mitunter können einzelne Fehler über Sieg oder Niederlage entscheiden, wenn sie vom Gegner für Gegenreaktionen ausgenutzt werden und obendrein auch noch breiteste Medienbeachtung finden. Im Bundestagswahlkampf 2013 unterliefen dem SPD-Kandidaten Peer Steinbrück gleich mehrere Fehler und unbedachtsame Äußerungen, die entscheidenden Anteil an seinem Misserfolg hatten. Bei der Bundestagswahl 2005 machte die CDU einen strategischen Fehler, indem sie den Steuerexperten Paul Kirchhof in das Wahlkampfteam einbezog. Die SPD-Kampagne schoss sich auf einige Schwächen seines radikalen Vorschlags zur Steuervereinfachung ein und bezeichnete Kirchhof abfällig als den »Professor aus Heidelberg«. Das brachte die Unionsparteien beinahe um den schon sicher geglaubten Wahlsieg.

Die Möglichkeiten und Grenzen der Kampagnenplanung richten sich verständlicherweise nach den zur Verfügung stehenden Ressourcen. Dazu zählt in erster Linie das finanzielle Budget, das erforderlich ist u. a. für die Kampagnenorganisation, für Wahlveranstaltungen, für die Herstellung und Verbreitung von Wahlwerbung. Eine wichtige Ressource sind aber auch die Wahlhelfer und Unterstützer, die sich freiwillig im Wahlkampf engagieren. Dass die verfügbaren Ressourcen, insbesondere die finanziellen Mittel eine wichtige Voraussetzung für den Wahlerfolg sind, wurde mehrfach empirisch nachgewiesen. Es ist also nicht ganz abwegig zu sagen, dass Geld die Wahl entscheidet. Wer genügend Geld hat, um ein fähiges Kampagnenmanagement zu bezahlen und viel in Wahlwerbung zu investieren, hat gute Erfolgschancen. Das ist mit ein Grund für die Stimmengewinne von Gruppierungen schwerreicher Unternehmer wie Frank Stronach in Österreich und Andrej Babiš in der Tschechischen Republik bei den Parlamentswahlen 2013.

Die Wahlkampfkosten sind in den letzten Jahrzehnten in vielen westlichen Demokratien stark gestiegen. Der Grund liegt nicht nur darin, dass mehr Wahlwerbung geschaltet und über immer mehr Medien gestreut wird. Auch der Einsatz von Dienstleistern – von Werbeagenturen, Umfrageinstituten und Medienberatern – gehört zu den Kostentreibern. Die deutschen Parteien sind verpflichtet, in ihrem jährlichen Rechenschaftsbericht ihre Wahlkampfausgaben anzugeben. Die Ausgaben (wie auch die Einnahmen) der einzelnen Parteien werden regelmäßig auf der Webseite des Bundestags veröffentlicht, allerdings erst mit einiger Zeitverzögerung.

Für das Wahljahr 2013 nannten die von den Parteien engagierten Werbeagenturen einige Monate vor Beginn der Kampagne einige Beträge. So investierte die SPD 23 Millionen Euro und die CDU 20 Millionen Euro. Für die kleineren der damals im Bundestag vertretenen Parteien nannten sie Beträge zwischen vier und fünf Millionen Euro. Tatsächlich liegen die eingesetzten Mittel jedoch deutlich über diesen Budgets der Werbeagenturen. So haben neben der Bundespartei auch die jeweiligen Landes-, Kreis- und Ortsverbände der Parteien erhebliche Ausgaben für ihre Wahlkampfaktivitäten. Nicht zuletzt engagieren sich in den Wahlkämpfen neben den Kandidaten auch viele Mitglieder und Unterstützer der Parteien und tragen dafür einen Teil der Aufwendungen selbst.

Für die Wahlkampfkosten der Parteien in Deutschland kommen zum Teil die Steuerzahler auf. Eine gesetzliche Regelung bestimmt, dass alle Parteien einen Teil ihrer Wahlkampfkosten erstattet bekommen, wenn sie einen Stimmenanteil von mindestens 0,5 Prozent erzielen. Für die ersten vier Millionen Stimmen gibt es jeweils 85 Cent, für jede weitere Wählerstimme 70 Cent. Zusätzlich erhalten sie noch einen Betrag, der sich nach den eingenommenen Mitgliedsbeiträgen und Spenden richtet. Die Höhe der Spenden und die Namen von Großspendern (ab 10 000 Euro) müssen die Parteien veröffentlichen. Diese Regelung und die Zuwendungen an die Parteien aus Steuermitteln sollen verhindern, dass Wahlerfolge vom persönlichen Reichtum der Kandidaten abhängen oder von einzelnen Großspendern.

Kritiker wie die Organisation »LobbyControl – Initiative für Transparenz und Demokratie e. V.« halten die Regelungen für nicht ausreichend, obwohl sie nach einem großen Parteispendenskandal verschärft wurden. In diesen Skandal, der in den 1990er Jahren die Parteienlandschaft erschütterte, waren führende CDU-Politiker verwickelt.

## Graswurzel-Kommunikation

Zwar ist der moderne Medienwahlkampf teuer, aber aus Sicht der Parteien lohnt sich der finanzielle Einsatz. Mit Hilfe der Medien kann man ein sehr großes Publikum mit relativ geringem Aufwand erreichen. Peter Radunski, ein ehemaliger Wahlkampfmanager der CDU, hat einmal vorgerechnet, dass ein Kandidat mit einem einzigen Fernsehauftritt mehr Wähler erreicht als er in seiner gesamten politischen Laufbahn jemals persönlich ansprechen könnte. Die Medien und Mittel der Wahlkommunikation ermöglichen es, die gesamte wahlberechtigte Bevölkerung zu kontaktieren. Das ist nicht nur ein Vorteil für die Parteien. Es hilft auch den Wählern, sich über die zur Wahl stehenden Programme und Kandidaten zu informieren.

Nach wie vor sind jedoch persönliche Kontakte ein wichtiges Kommunikationsmittel im modernen Wahlkampf. »More than anything else people can move other people«, lautet ein zentrales Ergebnis der berühmten Wahlkampfstudie anlässlich der amerikanischen Präsidentenwahl 1940, veröffentlicht unter dem Titel »The People's Choice«[4]. Die Forschung hat diese Regel seitdem vielfach bestätigt. Persönliche Kontakte lassen sich am besten einsetzen, wenn die anzusprechende Wählerschaft überschaubar ist. Das ist bei einer Kommunalwahl der Fall. Und das gilt auch bei der Bundestagswahl für die Direktkandidaten. Sie sind in ihrem Wahlkreis oft wochenlang unterwegs, um mit möglichst vielen Wählern persönliche Gespräche zu führen und an Diskussionen teilzunehmen.

Persönliche Kontakte durch Hausbesuche – das sogenannte *canvassing* – spielt in Ländern wie den USA und Großbri-

---

4 Paul F. Lazarsfeld, Bernard Berelson und Hazel Gaudet: The people's choice. How the voter makes up his mind in a presidential campaign. New York 1944

tannien eine relativ große Rolle. Das liegt vor allem am dortigen Wahlsystem, das keine Listenwahl vorsieht. Wenn alle Abgeordneten direkt gewählt werden, müssen sie persönlich um die Stimmen in ihrem Wahlbezirk werben. Trotz der vergleichsweise großen Bedeutung, die der Online-Wahlkampf inzwischen besonders in den USA hat, setzen die Kandidaten nach wie vor auf die persönliche Kommunikation. Kampagnenmanager bezeichnen diese Einsätze im Wahlbezirk als »Graswurzel-Aktivitäten« *(grassroots activities)* oder auch – etwas martialisch – als »Bodenkrieg« *(ground war).*

In Deutschland sind Hausbesuche im Wahlkampf weniger üblich. Häufiger bemühen sich die Kandidaten und Wahlhelfer um persönliche Kontakte am Info-Stand in der Fußgängerzone und vor Supermärkten, auf Volksfesten und Marktplätzen, bei Besuchen von Betrieben, Seniorenheimen und Vereinen. Auch bei Wahlkundgebungen auf städtischen Plätzen oder in einem Bierzelt kommt es zu persönlichen Begegnungen oder zumindest zu persönlichen Eindrücken der Wähler, wenngleich für die meisten nur in Distanz zu den Rednern.

Es gibt daneben eine Reihe weiterer Möglichkeiten, einzelne Wähler direkt anzusprechen. Das »klassische« Mittel ist das sogenannte Direktmailing, d. h. die postalische Zusendung von Informations- und Werbematerial, von Flugblättern und Broschüren. Direkte Wähleransprache ermöglichen auch Kommunikationsmedien wie Telefon bzw. Smartphone, E-Mail und SMS. Diese Mittel der gezielten Ansprache einzelner Wähler – in den USA *microtargeting* genannt – lassen sich dann besonders wirksam einsetzen, wenn das Kampagnenmanagement nicht nur Adressen der Wähler, sondern auch wichtige Personenmerkmale kennt. Eine wesentliche Voraussetzung dafür ist in den USA der schwächere Datenschutz. Außerdem ist die Bevölkerung eher bereit, persönliche Daten preiszugeben, als das bei uns der Fall ist.

In den USA können die Kandidaten bei ihren Parteiorganisationen oder bei kommerziellen Dienstleistern *walk lists* mit Wählerdaten einkaufen. Die Kandidaten können außerdem online auf Programme zugreifen, mit denen sie die Wählerdaten vor Ort ergänzen oder eigene *walk lists* erstellen können. Anhand dieser Listen und zugehöriger Ortspläne des Wahlbezirks kontaktieren die Wahlhelfer die Zielpersonen an der Haustür oder per Telefon, um sie zur Stimmabgabe für ihren Kandidaten zu gewinnen. Wie freizügig dabei mit personenbezogenen Daten umgegangen wird, verdeutlicht ein Angebot der kalifornischen Firma »Political Data« (vgl. Abbildung 1). Sie verkauft Listen mit einer Reihe von sehr persönlichen Daten wie: Name der zu kontaktierenden Personen, Alter und Geschlecht, genaue Adresse und Parteineigung (in der Spalte PTY).

Wählerdaten sind in den USA auch deshalb verfügbar, weil sich die Bürger in den meisten US-Staaten zur Wahlteilnahme registrieren lassen müssen. Sie werden zusätzlich von Firmen angeboten, die auf das *data mining* – das Sammeln von Daten – spezialisiert sind. Ihre Quellen sind zum Beispiel die Nutzerprofile in sozialen Netzwerken und die Datenpools der Anbieter von Kunden- und Kreditkarten. Das Kampagnenmanagement in den Wahlbezirken kennt dann von namentlich identifizierten Personen nicht nur deren Adressdaten und Parteineigung, sondern zum Beispiel auch die Spendenbereitschaft, Besitzverhältnisse, Konsumverhalten, Mediennutzung und mitunter vieles mehr.

**Abb. 1** Beispiel einer *walk list* mit Wählerdaten

WALK LIST: SAMPLE LIST

POLL LOCATION: THE PRENTICE SCHOOL  -  - 18341 LASSEN DR

| STREET | CITY | PRECINCT | CD | SD | AD | SUP | ZIP | COUNCIL |
|---|---|---|---|---|---|---|---|---|
| NEWHOPE WAY | SANTA ANA | 300072269 | 48 | 33 | 71 | 03 | 92705 | 072 |

| PHONE | ADDRESS | APT # | PTY | NAME | | A S P V A G I A T V E N V S S | | RESPONSE CODES |
|---|---|---|---|---|---|---|---|---|
| (714) 867-5309 | | 13021 | R | SANCHEZ, ELIZABETH C | 40 F Y 0 0 | | | Y N U NH MV AV V LS |
| (714) 867-5309 | | 13021 | AI | SANCHEZ, ADALBERTO | 39 M 0 0 | | | Y N U NH MV AV V LS |
| (714) 867-5309 | | 13022 | DS | SMITH, CHARLES A | 63 M 0 0 | | | Y N U NH MV AV V LS |
| ⌐(714) 867-5309 | | 13022 | D | SMITH, CAROLYN E | 60 F 0 0 | | | Y N U NH MV AV V LS |
| ⌐(714) 867-5309 | | 13022 | R | TURNER, JIMMY B | 66 M 0 0 | | | Y N U NH MV AV V LS |
| (714) 867-5309 | | 13022 | R | TURNER, DOROTHY M | 65 F 0 0 | | | Y N U NH MV AV V LS |
| (714) 867-5309 | | 13041 | D | COHEN, ANNE H | 89 F Y 0 0 | | | Y N U NH MV AV V LS |
| (714) 867-5309 | | 13042 | R | KOTCHMAN, JEFFREY M | 57 M Y 0 0 | | | Y N U NH MV AV V LS |
| ⌐(714) 867-5309 | | 13042 | R | KOTCHMAN, KYA A | 52 F Y 0 0 | | | Y N U NH MV AV V LS |
| (714) 867-5309 | | 13062 | DS | BYERS, CHELSEA A | 20 F 0 0 | | | Y N U NH MV AV V LS |
| (714) 867-5309 | | 13082 | R | ANDERSON, ALAN T | 79 M 0 0 | | | Y N U NH MV AV V LS |
| (714) 867-5309 | | 13082 | R | ANDERSON, OLIVE H | 74 F Y 0 0 | | | Y N U NH MV AV V LS |

CODES  PTY= Party  YTS=Count of Votes  AVS= Count of Absentee Votes  *=Voter in Select  BOLD=ID'd Supporters          FLAG=Base Universe
PARTY CODES: D= Dem  R= Rep  DS= Decline to state  AI= American Independent  LI= Libertarian  RF=Reform  GR= Green  PF= Peace Freedom  NL= Natural Law  YY= Misc
RESPONSE CODES: Y=Yes (Support)  N=No (Does not Support)  U=Undecided  NH=Not Home  MV=Moved  AV=Already Voted  V=Volunteer  LS=Lawn Sign

Quelle: http://www.politicaldata.com/pages/WalkLists.aspx

## Der Einsatz des Medien-Repertoires

Obwohl die Mittel der persönlichen Kommunikation nach
wie vor eine wichtige Rolle spielen, sind moderne Wahlkämpfe doch stärker durch die Medien geprägt. Die audiovisuellen
Massenmedien Film, Radio und Fernsehen erweiterten in der
ersten Hälfte des vorigen Jahrhunderts ganz erheblich das Repertoire der Kampagnenplaner. Schon vor ihrem Einsatz in
Wahlkämpfen dienten sie der kommerziellen Werbung und
der Regierungspropaganda in totalitären wie auch demokratischen Staaten. Ihre Vorteile sind die hohe Reichweite, vielfältige Gestaltungsmöglichkeiten und hohe Attraktivität beim

Publikum. Inzwischen haben die Verbreitungs- und Gestaltungsmöglichkeiten des Internets die Bedeutung der Medien für die Kampagne weiter gesteigert.

Die Medien sind einerseits Werbeträger, andererseits auch wirksame Mittel der politischen Kampagne als Plattform, Sprachrohr und Mittel der Wählermobilisierung. Auf diese Doppelrolle bezieht sich eine gängige Unterscheidung danach, ob der Medieneinsatz Geld kostet oder nicht. Amerikanische Kampagnenmanager unterscheiden *paid media, also* Medien, deren Einsatz bezahlt werden muss, und *earned media,* also kostenfreie Medienleistungen. Zu ersteren gehört die bezahlte Werbung mit Plakaten und Anzeigen in der Presse, mit Wahlspots im Kino, Radio und Fernsehen und mit Werbung im Internet. Kostenlos ist es dagegen aus Sicht der Parteien, wenn die Medien über ihre Kandidaten und Kampagnenaktivitäten in Nachrichten berichten oder wenn sie ihnen eine Plattform bieten, z. B. in Interviews und Talkshows, Diskussionsrunden und TV-Duellen oder in Unterhaltungssendungen.

Eine besondere Form von *earned media* sind Aktivitäten der Internetnutzer, von denen die Parteien bzw. einzelne Kandidaten profitieren. Das können z. B. Empfehlungen und Hinweise sein, »likes« in sozialen Netzwerken, Verlinkungen oder Weiterleitungen von Videos, Nachrichten und anderen Inhalten. Im Idealfall werden die Aktivitäten viral, d. h. sie verbreiten sich gleichsam epidemisch über weite Bereiche des Internets. Allerdings handelt es sich dabei um ein zweischneidiges Schwert. Denn in der Webgemeinde verbreiten sich am ehesten unterhaltsame, komische und skurrile Inhalte. Die können für die Kampagne eher schädlich als nützlich sein.

Zu den *earned media* kann man in Deutschland – wenigstens partiell – auch die Wahlwerbesendungen in den öffentlich-rechtlichen Sendern rechnen, also im ZDF und in den Programmen der ARD. Die Sender stellen den Parteien nach einem bestimmten Verteilungsschlüssel Sendezeit zur Verfügung. Allerdings ist nur die Ausstrahlung kostenfrei. Die Kosten für die Produktion der Spots müssen die Parteien selbst tragen. Und bei Ausstrahlungen in privaten Radiosendern und privaten Fernsehsendern wie RTL und SAT.1 muss auch für die Sendezeit bezahlt werden. Die Preise richten sich unter anderem – wie bei kommerzieller Werbung – nach der zeitlichen Platzierung und dem Programmumfeld.

Kostenaspekte sind für die Kampagnenplanung wichtig. Man muss sie aber auch in Relation zur Leistung der Kommunikationsaktivitäten sehen. Für die Planer stellt sich daher die Frage: Was leisten die verschiedenen Medien und Mittel der Kampagnenkommunikation in Relation zu ihren Kosten? Die Kommunikationsleistung kann man an unterschiedlichen Kriterien messen. Ein anspruchsvolles Kriterium ist der Einfluss auf das Wahlergebnis. Damit beschäftigt sich ausführlicher das 5. Kapitel.

Hier sollen zunächst drei einfacher zu definierende Kriterien betrachtet werden. Es handelt sich dabei um wichtige *Voraussetzungen* erfolgreicher Kommunikation. Zum einen ist das die Reichweite der eingesetzten Medien und Maßnahmen – oder, anders gesagt, die Zahl der Wählerkontakte, die erzielt werden. Eine zweite Voraussetzung ist, dass möglichst die »richtigen« Wähler erreicht werden, das heißt solche, bei denen die Chance, ihr Wahlverhalten zu beeinflussen, möglichst groß ist. Und drittens kommt es darauf an, dass die erreichten Wähler die angebotenen Inhalte der Wahlkommunikation auch wahrnehmen und verarbeiten.

Auf die Bedeutung der Reichweite hat, wie schon erwähnt, der frühere Wahlkampfmanager Peter Radunski verwiesen mit seinem Vergleich von Fernsehauftritten und persönlichen Wählerkontakten. Sein Argument untermauert besonders eindrucksvoll die hohe Reichweite der TV-Duelle. Sehr hoch kann auch die Reichweite von anderen Kandidatenauftritten im Fernsehen sein, etwa bei Interviews oder in Diskussionsrunden. Berichte über Kampagnenaktivitäten wie z.B.

Kundgebungen oder Wahlparteitage, können ebenfalls viele Wählerkontakte erzielen, besonders wenn sie von stark verbreiteten Medien beachtet werden, etwa in den Hauptnachrichtensendungen des Fernsehens oder in einer vielgelesenen Zeitung. Bundesweit verbreitete Presseorgane und Fernsehkanäle sind auch reichweitenstarke Werbeträger für Anzeigen und Wahlspots. Im Gegensatz dazu erreichen die Kandidaten mit ihren persönlichen Gesprächen bei Hausbesuchen, an Info-Ständen oder mit Telefonanrufen immer nur einzelne und in der Summe nur relativ wenige Wähler.

Ob man die »richtigen« Wähler erreicht, hängt von der Streuung der eingesetzten Medien und Mittel ab. Die meisten Medien mit sehr hoher Reichweite haben eine ungenaue Streuung. Im schlimmsten Fall erreicht eine Partei mit ihrer Kampagne die »falschen« Zielpersonen, immer aber neben den »richtigen« auch viele, die sich gar nicht beeinflussen lassen, z. B. weil sie eine sehr feste Bindung an eine andere Partei haben. Die Mediaplanung für die Wirtschaftswerbung nennt das Streuverluste. Bei hohen Streuverlusten ist die Kommunikation ineffizient; es entstehen hohe Kosten für wenig Leistung. In diesem Sinne ineffizient können Mittel der Wahlwerbung sein, die in Werbeträgern mit hoher Reichweite geschaltet werden. Das gilt für Radio- und Fernsehspots, Anzeigen in der Presse, auch für Plakate und für Infomaterial, das per Hauswurfsendung flächendeckend verteilt wird.

Das in der Werbung allgemein übliche Mittel, um Streuverluste zu vermindern, ist die Konzentration der Maßnahmen auf Zielgruppen, die sich genauer eingrenzen lassen. So kann man Wählergruppen nach Merkmalen wie Alter oder Wohnregion, nach sozialer Schicht oder Berufsgruppe bestimmen. Verschiedene Wählergruppen werden dann mit unterschiedlichen Plakaten, Anzeigen und Werbespots angesprochen. Einige Kampagnen setzen unterschiedliche Anzeigen- und Spot-Motive in verschiedenen Medientypen und Kampagnenphasen ein. Auch dadurch, dass man Plakate dort platziert, wo möglichst viele und möglichst die »richtigen« Leute vorbeikommen, kann man Streuverluste reduzieren.

Wenn man Genaueres über die Nutzer der verschiedenen Medien weiß, kann man in etwa abschätzen, ob man die »richtigen« Wähler erreicht. Anhaltspunkte dafür können die *Mediaanalysen* liefern, die jedes Jahr – teils mehrfach – aktuell erstellt werden. Auftraggeber dieser mit riesigem finanziellem Aufwand erstellten Untersuchungen sind die Medien und die Werbewirtschaft. Sie enthalten Daten für sehr viele, meist überregional verbreitete Medien und Werbeträger, unter anderem über demographische Merkmale der Mediennutzer, über ihre Interessen, ihre politische Überzeugung und vieles mehr. Ähnliche Informationen bieten auch viele regionale Zeitungen für ihre Werbekunden.

Eine zielgruppengenaue Streuung ist für Wahlwerbung allerdings viel komplizierter als für Wirtschaftswerbung. Das liegt zum einen daran, dass es für die Wahlkommunikation keine so passgenauen Medien gibt wie für die Wirtschaftswerbung. Denn ein Autohersteller erreicht seine Zielgruppe recht genau mit Anzeigen in einer Motorzeitschrift, eine Brauerei mit Fernsehwerbung bei einer Fußballübertragung, eine Disko mit Werbung in örtlichen Kinos. Zum anderen lassen sich die »richtigen« politischen Zielpersonen weniger eindeutig definieren als potentielle Autokäufer, Biertrinker oder Diskobesucher.

Einige Anhaltspunkte ergeben sich immerhin aus dem Wahlprogramm einer Partei, aus dem demographischen Profil ihrer Wähler- und Anhängerschaft und aus deren politischen Interessen. So sieht beispielsweise eine konservative Partei ihre Zielgruppen vornehmlich bei Personen mit traditioneller Wertorientierung und bei eher älteren als jüngeren Wählern. Eine Partei, die sich als politisch links versteht, wird als Zielgruppe vor allem einkommensschwache Wähler ansprechen, eine wirtschaftsliberale speziell die bürgerliche Mittelschicht, eine »grüne« Partei besonders Personen mit einem ausgeprägten ökologischen Bewusstsein. Parteien und Kandidaten mit den nötigen finanziellen Mitteln stützen sich dabei auf eigene Umfragen und auf Analysen durch externe Berater. Auf diesen Grundlagen entscheidet das Kampagnenmanagement, welche Themen und Argumente bei welchen Zielgruppen ankommen sollen und welche Medien und Kommunikationsmittel dafür eingesetzt werden.

Diese Entscheidung ist einfacher, wenn es darum geht, die Zielpersonen in einzelnen Wahlkreisen und Stimmbezirken anzusprechen, wenn man also nicht Wähler erreichen muss, die über die ganze Republik oder ein ganzes Bundesland verteilt sind. Die Wahlkreiskandidaten und die örtlichen Parteiorganisationen kennen die Verhältnisse vor Ort oft recht genau. Sie wissen, dass sie es mit einem ländlichen oder städtischen Milieu zu tun haben, mit einer eher katholischen oder protestantischen Wählerschaft, wo vorwiegend Arbeiter und einfache Angestellte, wo gutsituierte Beamte und Rentner wohnen, wo es viel Arbeitslosigkeit gibt und wo viele Migranten leben. Es ist dann möglich, die Aktivitäten gezielt einzusetzen, etwa mit Besuchen bei Vereinen und in Betrieben, mit Diskussionsveranstaltungen in einzelnen Stadtteilen und mit Infoständen dort, wo man Passanten trifft, die es nicht allzu eilig haben.

Die dritte Voraussetzung erfolgreicher Kommunikation, nämlich dass die erreichten Wähler die Inhalte der Wahlkommunikation wahrnehmen und verarbeiten, ist am wenigsten planbar. Das liegt daran, dass die Wähler darüber weitgehend selbst bestimmen. Sie entscheiden selbst, wie aufmerksam sie sich den Medien und Inhalten zuwenden, ob sie Plakate und Anzeigen betrachten oder übersehen, ob sie Wahlkampfberichte in den Nachrichten anschauen oder wegzappen, ob sie die Argumente im TV-Duell akzeptieren oder ablehnen.

Die Zuwendung zu politischen Inhalten und deren Verarbeitung wird hauptsächlich von Eigenschaften der Wähler gesteuert. Ausschlaggebend ist dabei vor allem das Interesse an Politik und an der Wahl. Je stärker das Interesse, desto eher kann man eine aktive Zuwendung zu Wahlkommunikation erwarten. Und umgekehrt: Je geringer das Interesse, desto größer ist die Neigung zu negativer Selektion. Wenn sich negative Selektion nicht ganz vermeiden lässt, wird die Wahlkommunikation (zum Beispiel Plakate oder Wahlspots im Fernsehen) als aufdringlich empfunden. Das kann dann zu *Reaktanz* führen, d. h. zu Abwehrreaktionen und politischem Unmut.

Die Selektion und Verarbeitung politischer Inhalte hängt außer von Eigenschaften der Wähler aber auch von Merkmalen der Medien und Kommunikationsinhalte ab. Ausschlaggebend ist dabei erstens deren Verfügbarkeit. Dieses Merkmal wird weitgehend von der Reichweite bestimmt. Leicht verfügbar sind Inhalte, die den Wählern ohne großen eigenen Aufwand zugänglich sind. Das trifft auf Inhalte in Massenmedien zu, die viele Wähler gewohnheitsmäßig nutzen, also in Radio und Fernsehen und in Tageszeitungen, die im Abonnement bezogen oder regelmäßig gekauft werden, wie z. B. die *Bild*-Zeitung und manche Zeitschriften. Leicht verfügbar ist auch Wahlwerbung mit Plakaten, Anzeigen und Fernsehspots, die mit großer Häufigkeit und breiter Abdeckung gestreut werden. Das spricht für das Prinzip »Viel hilft viel«, das zum Erfolg von finanziell üppig ausgestatteten Kampagnen beitragen kann.

Auf der anderen Seite sind manche Inhalte und Formen der Kommunikation den Wählern gar nicht oder nur mit einigem Aufwand zugänglich. Das gilt zum Beispiel für Wahlkundgebungen. Man muss sie aufsuchen, um an der Kommunikation teilzunehmen. Das gleiche gilt in mehr oder weniger ausgeprägtem Maße für Online-Medien. Sie verlangen ein vergleichsweise hohes Maß an aktiver Zuwendung und werden daher auch *Pull-Medien* genannt. Hier sind es jeweils die Nutzer, die darüber entscheiden, ob politische Inhalte ausgewählt und wahrgenommen werden.

Zweitens entscheidet die mediale Gestaltung über die Selektion und Verarbeitung von Inhalten der Wahlkommunikation. Es ist zum Beispiel so, dass Bilder und audiovisuelle Medien wie das Fernsehen bessere Chancen haben, beim Wähler anzukommen, als Printmedien wie z. B. Flugblätter, Broschüren oder Zeitungsartikel, die weitgehend textlastig sind. Das liegt einmal daran, dass Bildmedien müheloser zu verarbeiten sind als Textmedien. Das Lesen von Texten setzt Ausbildung und Erfahrung voraus, und darüber verfügen viele Menschen nicht in ausreichendem Maße. Außerdem können bildlich und audiovisuell gestaltete Mitteilungen ausgesprochen unterhaltsam und anregend sein. Auch deshalb haben sie bessere Chancen, wahrgenommen und verarbeitet zu werden.

Schließlich hängt die Verarbeitung der Kommunikationsinhalte auch vom Grad der Wahrnehmungsbindung bei der Medienrezeption ab. Die Wahrnehmungsbindung ist im Allgemeinen bei sogenannten *Push-Medien* höher als bei Pull-Medien. Das gilt für Radio- und Fernsehsendungen und für Kinovorführungen und damit auch für die in diesen Medien platzierte Wahlwerbung. Push-Medien verbreiten ihre Inhalte »linear« in zeitlicher Abfolge und sorgen so für eine relativ hohe Wahrnehmungsbindung der Nutzer. Die Möglichkeiten negativer Selektion sind eingeschränkt. Kampagnenbotschaften können daher auch Wähler erreichen, die an Politik weniger interessiert sind. Sie können sich politischen Inhalten nicht immer entziehen, werden überrumpelt.

## Was beim Wähler ankommt

Die Reichweite der Kommunikation, ihre Streuung, ihre Selektions- und Verarbeitungsbedingungen sind gemeinsam Voraussetzungen des Kampagnenerfolgs. Welchen Anteil sie jeweils am Erfolg haben, lässt sich allenfalls im Nachhinein am konkreten Einzelfall bestimmen, also an einzelnen Medien und Inhalten unter den spezifischen Bedingungen einer bestimmten Kampagne. Bei Marketing-Kampagnen und bei Public-Relations-Kampagnen sind solche Erfolgskontrollen durchaus üblich. Ähnliche Überprüfungen gibt es auch für Wahlkampagnen. Wichtigstes Erfolgskriterium ist dabei das Abstimmungsverhalten der Wähler am Wahltag. Welche Rolle dabei der Medieneinfluss spielt, wird im 5. Kapitel behandelt.

Erkenntnisse zu weniger anspruchsvollen Erfolgskriterien wie der Reichweite und der Streuung der Wahlkommunikation bieten Wählerumfragen. Sie werden in großer Zahl vor, während und nach dem Wahlkampf durchgeführt, meist im Auftrag von Parteien oder Medien, teils auch von Universitäten und anderen wissenschaftlichen Einrichtungen. Das umfangreichste deutsche Projekt dieser Art ist die »German Longitudinal Election Study« (GLES). An einem Ergebnis daraus zur Bundestagswahl 2013 wird deutlich, dass die Wähler die verschiedenen Medien und Mittel der Wahlkommunikation sehr unterschiedlich beachten (vgl. Abbildung 2).

Plakate haben eine besonders hohe Reichweite. Obwohl ihre Wahrnehmung auch von aktiver Zuwendung und Selektion abhängt, fallen sie sehr vielen Wählern auf. Das wird durch ihre breite Streuung vor allem in der Endphase des Wahlkampfs erreicht. Plakate sind ein »traditionelles« Werbemittel, das schon in frühesten Wahlkämpfen und seit dem Ersten Weltkrieg für politische Propaganda eingesetzt wurde. Diese lange Geschichte macht sie zu wertvollen Zeugen, wenn man den Wandel der Wahlkommunikation verfolgen will. Im Laufe der Zeit hat sich nicht nur der Stil von Plakaten verändert, sondern auch ihre Funktion in der Wahlkommunikation. Sie dienen heute oft dazu, die Personalisierung der Kampagne zu unterstützen. Vor allem in der letzten Phase des Wahlkampfs präsentieren die Parteien ihre Spitzenkandidaten mit schmeichelhaften Porträts auf riesigen Plakatflächen, um die Leitfigur und die zentrale Botschaft der Kampagne ins Blickfeld zu rücken.

**Abb. 2**   Beachtung der Wahlkommunikation 2013

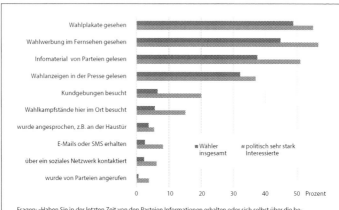

Fragen: »Haben Sie in der letzten Zeit von den Parteien Informationen erhalten oder sich selbst über die bevorstehende Bundestagswahl am 22. September informiert?« »Wo bzw. in welcher Form haben Sie diese Informationen erhalten?« Basis: In den beiden letzten Wochen vor der Bundestagswahl 2013 online befragte Wahlberechtigte (n = 910); Quelle: Eigene Auswertung der GLES-Daten

Plakate sind auch ein beliebtes Mittel für die Strategie des Angriffswahlkampfs, für das *negative campaigning*, wie es in den USA heißt. Plakate können mit einer Bildidee den strategischen Angriffspunkt treffend visualisieren. Ein berühmtes Beispiel dafür ist die »Rote Socken-Kampagne«, mit der die CDU erstmals im Wahlkampf 1994 (und in späteren Neuauflagen) der SPD kommunistische Umtriebe unterstellen wollte. Ein anderes Beispiel ist die Plakatserie, aus der Abbildung 3 zwei Exemplare zeigt. Die SPD setzte sie 2009 im Wahlkampf für das Europäische Parlament ein.

Plakate sind ein beliebter Angriffspunkt, um die Parteien zu verspotten. So veröffentlichte das Satiremagazin *Titanic* auf seiner Webseite zur Wahl 2013 eine Reihe von Nonsens-Plakaten und einen »Wahlplakate-Generator«, mit dem Plakate der CDU veralbert wurden. Die neuen Medien bieten dafür

**Abb. 3**    Angriffswahlkampf bei der Europawahl 2009

leicht handhabbare Mittel der Bildgestaltung, und das Internet ist die geeignete Plattform, um Spottplakate zu verbreiten. Im Wahlkampf 2013 wurde die Blogging-Plattform Tumblr zu einer beliebten Webadresse, um ironisch verfremdete Bilder als Wahlkampfkommentare zu veröffentlichen.

Stark beachtet von den Wählern werden auch die Wahlspots im Fernsehen. Das liegt außer an der Fernsehreichweite auch an der leichten Verfügbarkeit des Mediums, ferner an seiner Attraktivität und damit der aktiven Zuwendung der Nutzer. Besonders wenn die Werbespots zu den Hauptsendezeiten und in einem publikumswirksamen Programmumfeld geschaltet werden, erzielen sie viele Wählerkontakte. Dabei fallen sie auch Wählern auf, die sich weniger für Politik interessieren und die andere Formen der Wahlwerbung kaum beachten.

In der Rangfolge der Wählerkontakte, die Abbildung 2 zeigt, folgt dann Informationsmaterial, das die Parteien in Form von Flugblättern, Handzetteln, Broschüren und Postwurfsendungen verbreiten. Die Beachtung dieser Werbemittel wird vor allem durch ihre flächendeckende Streuung erreicht. Üblicherweise erhalten alle Haushalte Infomaterial von mehreren Parteien, so dass oft etwas dabei ist, was mit den politischen Überzeugungen der Haushaltsmitglieder korrespondiert. Die Chancen stehen daher gut, dass sie zumindest beachtet, wenn auch nicht immer genauer betrachtet werden. Ähnliches gilt für die Wahlanzeigen der Parteien in Zeitungen und Zeitschriften. Sie erreichen relativ viele Wähler, weil diese Medien in Deutschland – verglichen mit manchen anderen Ländern – nach wie vor weit verbreitet sind.

Demgegenüber erreicht Wahlkommunikation nur wenige Wähler, wenn sie wie der Besuch von Kundgebungen und von Wahlkampfständen im Wesentlichen auf aktive Selektion angewiesen ist. Noch weniger Kontakte erzielen Maßnahmen der persönlichen Wähleransprache an der Haustür, per Telefon, E-Mail oder SMS. Deren Reichweite ist gering, jedenfalls solange die Parteien Maßnahmen der persönlichen Kommunikation so selten einsetzen wie das bei der Bundestagswahl 2013 der Fall war. Anscheinend spielten auch neue Medien wie E-Mails und SMS noch keine nennenswerte Rolle.

In Abbildung 2 ist neben dem Wert für die Gesamtheit der Wähler auch das Ergebnis für Befragte ausgewiesen, die sich sehr stark für Politik interessieren. Das soll zeigen, dass die Beachtung von Wahlkommunikation in einzelnen Wählersegmenten recht unterschiedlich ist, dass sie z. B. variiert in Abhängigkeit vom politischen Interesse der Wähler. Die Unterschiede zwischen den Wählern insgesamt und den sehr stark Interessierten sind besonders groß bei Wahlkommunikation, die auf aktive Zuwendung angewiesen ist. Das gilt für den Besuch von Kundgebungen und Wahlkampfständen. Verglichen mit dem Durchschnitt aller Wähler gibt es unter den politisch stark Interessierten mehr als doppelt so viel Beachtung für diese Wahlkampfmittel. Dass auch die Mittel der persönlichen Kommunikation – mit Ausnahme der Haustürkontakte – von den politisch sehr stark Interessierten vergleichsweise häufig genannt werden, ist vermutlich darauf zurückzuführen, dass diese Personen allgemein regen politischen Austausch mit ähnlich Interessierten pflegen.

## Neue Medien im Wahlkampf

Neue Medien verändern Wahlkämpfe. In der historischen Rückschau wird das besonders deutlich. Als in den ersten Jahrzehnten des vergangenen Jahrhunderts die neuen Medien Grammophon, Kinofilm und Radio aufkamen, eröffneten sie den Wahlkämpfern ganz neue Möglichkeiten. Sie wurden schon früh bei Parlamentswahlen in Großbritannien eingesetzt. In den 1950er Jahren setzte sich dann das Fernsehen als neues Medium durch und führte zu einem Wandel der Kampagnen, zunächst in den USA und bald auch in anderen Ländern. Und seit den 1990er Jahren, seit das Internet allgemein verfügbar ist, beobachten wir erneut Veränderungen, von denen alle Wahlkampfakteure mehr oder weniger betroffen sind: die Parteien und Kandidaten, die Wähler und die herkömmlichen Medien.

Vorreiter waren auch diesmal wieder die USA. Der Vorwahlkampf von Howard Dean bei der Präsidentschaftswahl 2004 wird allgemein als erstes Beispiel einer innovativen Internetkampagne gewürdigt. Aber schon viel früher, nämlich 1992, setzten die Kandidaten George H. W. Bush und Bill Clinton Internetdienste wie E-Mails in ihren Wahlkämpfen ein. Im Bundestagswahlkampf 1998 präsentierten sich erstmals auch deutsche Parteien mit Internet-Auftritten.

Internet – ebenso wie neue Medien oder Online-Medien – ist heute ein gebräuchlicher Sammelbegriffe für eine Vielzahl von Kommunikationsmitteln, die vor allem zweierlei gemeinsam haben: Sie nutzen zur Übertragung weltweite Datennetze, und ihre Inhalte sind digital codiert. Das verleiht ihnen einerseits Eigenschaften ähnlich einigen herkömmlichen Medien, so die hohe Reichweite. Sie können ein riesiges Publikum erreichen.

Andererseits haben sie Eigenschaften, die herkömmlichen Medien fehlen, und dadurch erweitern sie erneut das Repertoire der Wahlkampfkommunikation. Sie bieten eine Fülle audiovisueller Gestaltungsmöglichkeiten. Sie eröffnen neue Möglichkeiten der Direktkommunikation, der persönlichen Ansprache einzelner Nutzer bei zugleich sehr hoher Reichweite.

Bei den Kampagnenmedien ist ein gleitender Prozess der Umschichtung im Gange. So verloren einige der herkömmlichen Medien Teile ihres Publikums und damit einen Teil ihrer Bedeutung als Informationsquelle und Einflussinstrument. Am meisten betrifft dies die Pressemedien, am wenigsten das Fernsehen. Vor allem die jüngeren Altersgruppen haben sich umorientiert, nutzen zunehmend Online-Medien im Wahlkampf. Allerdings sind das vielfach die Online-Ausgaben traditioneller Medien. Mit Online-Ausgaben passten sich die traditionellen Medien den Veränderungen der Situation an. Inzwischen haben einige Online-Ausgaben traditioneller Medien – wie beispielsweise Bild.de und Spiegel.de – weit höhere Reichweiten als die entsprechenden Print-Ausgaben.

Die Parteien und Kandidaten setzten Webseiten zunächst als eine Art digitale Broschüre ein mit Informationen über ihre Wahlprogramme und Kandidaten für die Wähler wie auch für Parteimitglieder und Journalisten. Inzwischen haben viele Webseiten ihr Funktionsspektrum erweitert. Sie bieten auch Elemente zur Einbindung und Beteiligung von Wählern. Mitmach-Plattformen zielen noch spezieller auf die Interaktion mit den Wählern ab, zum Beispiel »mitmachen.

spd«, »Meine Kampagne« (Grüne) oder »team Deutschland« (CDU). Darüber hinaus dienen Webseiten der Kampagnenorganisation, zum Beispiel um

- Werbematerial wie Plakate, Handzettel, Broschüren und Leitfäden an Wahlkämpfer zu verteilen,
- für die Pressearbeit aktuelle Mitteilungen und Hintergrundmaterial, Fotos und O-Töne bereitzustellen,
- Wahlkampfhelfer und neue Mitglieder zu rekrutieren,
- Abstimmungen durchzuführen und Meinungen aus der Partei einzuholen,
- die Kampagnenaktivitäten der Helfer und der Parteigliederungen zu koordinieren,
- Spenden einzuwerben.

Das Online-Fundraising spielt vor allem in Ländern wie den USA eine wichtige Rolle, weil dort Wahlkämpfe nicht aus Steuermitteln unterstützt werden. Die Summe der gesammelten Spenden gilt dort während der laufenden Kampagne als Gradmesser ihres Erfolgs. Das ist gerechtfertigt, weil in den USA das Spendenaufkommen in hohem Maße über Sieg und Niederlage eines Kandidaten entscheidet. Die Online-Kampagnen von Howard Dean und Barack Obama gelten auch deshalb als beispielhaft, weil sie ein sehr hohes Spendenaufkommen durch Crowdfunding erzielten, d. h. durch kleine Beträge von vielen einzelnen Unterstützern. Das wurde vielfach als Demokratisierungsschub interpretiert, als zunehmender Einfluss der einzelnen Wähler auf die Kampagne. Inzwischen sorgten allerdings Gesetzesänderungen in den USA für einen gegenläufigen Effekt, nämlich mehr Einfluss von Großspendern, von *big money* auf die Kampagnen.

Seit es die entsprechenden Plattformen und Formate gibt, sind die Parteien und Kandidaten zunehmend auch in sozialen Medien wie Facebook, Twitter, YouTube und mit eigenen Smartphone-Apps aktiv. Unterschiede gibt es zwischen einzelnen Parteien, die nicht unbedingt mit ihrer politischen Bedeutung oder ihrer Stellung im politischen System zu tun haben. Im Wahlkampf 2013 entfalteten Kandidaten und Anhänger kleinerer Parteien – wie der Piratenpartei und der Alternative für Deutschland – mehr Aktivitäten bei Facebook und Twitter als die großen Volksparteien. Das hat ihnen aber wenig genützt, wie ihr schwaches Wahlergebnis vermuten lässt.

Am meisten wird darüber spekuliert, was die neuen Medien für die Wähler brachten. Ein zentrales Argument lautet, dass die Bürger in der alten Medienwelt bloß passive Konsumenten der Informationen waren, die Journalisten für sie auswählten und aufbereiteten. In der neuen Medienwelt dagegen können sie sich aktiv politisch artikulieren, können zum Beispiel eine eigene Homepage, einen Weblog (Blog) oder eigene Videos veröffentlichen, können Inhalte bewerten und mit anderen teilen, können Online-Petitionen zeichnen, mit Chats und Tweets an politischen Debatten teilnehmen. Zudem haben sie Zugriff auf eine Fülle von Originalquellen nicht nur der Parteien, sondern auch vieler Interessengruppen, Blogger und Einrichtungen der politischen Bildung. Sie sind damit unabhängiger von der journalistischen Vermittlung durch die herkömmlichen Medien.

Eine weitere Besonderheit der neuen Medien ist, dass sie den Wählern Möglichkeiten der Interaktion untereinander und der Kollaboration miteinander bieten, und zwar nicht nur zwischen einzelnen Personen, sondern auch in Gruppen und größeren Netzwerken. Diese Eigenschaften faszinieren besonders, weil sie zur Ermächtigung der Bürger beitragen. Mit Hilfe neuer Medien können sich die Bürger besonders wirksam politisch beteiligen, ihre Interessen und politische Aktionen organisieren. Der »arabische Frühling«, die Umwälzungen in Tunesien, Libyen und Ägypten, hat das auf eindrucksvolle Weise demonstriert.

Es ist bezeichnend, dass bei Aussagen über die neuen Me-

**Abb. 4**    Neue Medien und Beteiligung am Wahlkampf

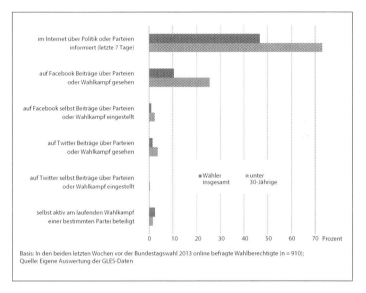

Basis: In den beiden letzten Wochen vor der Bundestagswahl 2013 online befragte Wahlberechtigte (n = 910);
Quelle: Eigene Auswertung der GLES-Daten

dien vor allem über *Möglichkeiten* gesprochen wird. Darüber,
wie diese Möglichkeiten tatsächlich genutzt werden und welche Folgen sie für den Wahlkampf haben, wird seit zwei Jahrzehnten viel diskutiert und spekuliert. Die empirischen Fakten zeigen bisher eine gemischte Bilanz. Auch das belegen
Umfrage-Ergebnisse aus dem Bundestagswahlkampf 2013.
Wie Abbildung 4 zeigt, nutzen die Wähler die Möglichkeiten der neuen Medien erst zögerlich. Am ehesten sind es jüngere Wähler, die Online-Medien und Facebook als Informationsquellen nutzen. Selbst aktiv in den sozialen Medien wird
aber auch von dieser Gruppe nur eine kleine Minderheit. Sie
ist ähnlich klein wir die Gruppe der Parteiaktivisten und auch
zum Teil mit dieser identisch.

Ob sich Unterschiede zwischen den Altersgruppen bei

kommenden Wahlen verringern, ist noch nicht ausgemacht. Sie könnten sich auch zu einer dauerhaften Kluft verfestigen. Ebenso gibt es auf die Frage nach dem Einfluss neuer Medien auf das Wahlergebnis bisher noch keine endgültige Antwort. Aus einigen Studien in den USA, Australien und Irland geht hervor, dass sich die Online-Aktivitäten für Parteien und Kandidaten in leichten Stimmengewinnen auszahlen. Für Deutschland belegt eine Untersuchung zur Bundestagswahl 2009 von Frank Marcinkowski und Julia Metag ebenfalls einen solchen schwachen Effekt.[5]

Allerdings zeigt diese Studie auch, dass andere Faktoren wichtiger sind für den Wahlerfolg von Direktkandidaten: nämlich ob sie als Amtsinhaber antreten, ob sie parteipolitische Erfahrung haben und wie stark sie sich im Wahlkreis engagieren. Die Autoren haben außerdem den Online-Einsatz bei der Kommunal- und der Landtagswahl in Nordrhein-Westfalen untersucht. Das Ergebnis deutet ebenfalls darauf hin, dass der Online-Einsatz den Kandidaten keinen besonderen Vorteil brachte – außer wenn sie unbekannte Außenseiter waren.

Der bisherige Umgang der Wähler mit neuen Medien bietet erst wenige Anzeichen dafür, dass sich ihre Wahlkommunikation grundlegend verändert. »Vielmehr setzen sich klassische Kommunikationsmuster des Offline-Wahlkampfes im Netz fort und bedingen hier eine inhaltliche Annäherung beider Kampagnenarenen«, wie Johanna Schweitzer und Steffen Albrecht in ihrer Analyse des Internet-Wahlkampfs schreiben. Die »Revolution«, die manche euphorische Beobachter schon ausgerufen haben, lässt wohl noch einige Zeit auf sich warten. Vieles spricht für die These, dass eine Art »Normalisierung« eintritt. Das heißt, dass Offline- und Online-Kampagnen ähnlichen Gesetzen folgen, dass die neuen Medien das

---

5 Frank Marcinkowski und Julia Metag: Lassen sich mit dem Internet Wählerstimmen gewinnen? In: *Publizistik* 58 (2013), S. 23–44

Spektrum der Wahlkommunikation erweitern und dass die herkömmlichen Medien – am wenigsten jedoch das Fernsehen – einen Teil ihrer Bedeutung einbüßen. Betroffen davon sind, wie schon bisher, einige Wählergruppen mehr, andere weniger.

## Die Inszenierung der politischen Kampagne

Wie wichtig nach wie vor die herkömmlichen Medien sind, zeigt auch das Urteil der Wähler über ihr eigenes Kommunikationsverhalten. Sie sehen in den Nachrichtensendungen des Fernsehens eine besonders nützliche Informationsquelle. Die meisten Wähler nennen sie, wenn sie gefragt werden, welche Informationsquellen ihnen persönlich am meisten dabei geholfen haben, ihre Wahlentscheidung zu treffen (vgl. Abbildung 10 im 5. Kapitel). Für ihre Meinungsbildung ist offenbar das Medienbild der Kampagne wichtig. Und dabei sind die in den Nachrichten des Fernsehens vermittelten Themen und Ereignisse die wichtigste Quelle.

Die Kampagnenplaner widmen daher der »politischen Kampagne« im Fernsehen besondere Aufmerksamkeit. Was den Wählern und Mediennutzern als »genuines« Ereignis erscheint, über das die Nachrichtenmedien in Wahrnehmung ihrer Chronistenpflicht berichten, ist oft speziell für die Medien inszeniert. Das Kampagnenmanagement spricht von Events, wie es auch im Marketing üblich ist. Viele Events finden speziell im Hinblick auf die Medienbeachtung statt, um auf diesem Weg möglichst viele Wähler zu erreichen. Der Aufwand dafür ist vor allem bei Bundestagswahlen beträchtlich. So müssen beispielsweise Wahlkampfereignisse wie Parteitage und Kundgebungen fernsehgerecht gemacht werden. Musikuntermalung hilft mitunter dabei. Kandidatenauftritte sollen eindrucksvoll auf die Bildschirme kommen. Die Delegierten beim Wahlparteitag müssen den gekürten Kandidaten frenetisch zujubeln. An der Inszenierung wirkt auch schon mal ein Theater- oder Filmregisseur mit.

Die Kampagnenplaner und ihre Medienberater kennen die Gesetzmäßigkeiten, die für Medienaufmerksamkeit und für Fernsehpräsenz der Kandidaten sorgen. Ein wirksames Mittel ist die Personalisierung der Kampagne. Ihre Ziele und zentralen Botschaften sollen nicht nur von Personen vorgetragen, sondern möglichst auch durch ihre Spitzenkandidaten verkörpert werden. Je prominenter die Protagonisten, desto mehr werden sie beachtet. Daher ist der Wahlkampfeinsatz von Parteiprominenz – und eventuell auch von prominenten Seiteneinsteigern oder Unterstützern aus anderen gesellschaftlichen Bereichen – erfolgversprechend. Diese und andere Gründe der Medienbeachtung werden im folgenden Kapitel noch ausführlicher behandelt.

Nicht selten sorgt das politische Geschehen auch von sich aus während des Wahlkampfs für Ereignisse mit großem Medieninteresse. Es kommt dann darauf an, solche Gelegenheiten geschickt zu nutzen. Besonders günstig sind Ereignisse, an denen die Kandidaten in Ausübung ihres Amtes beteiligt sind. Diesen Vorteil – Amtsbonus genannt – haben die jeweiligen Parteien, die an der Regierung sind, denn ihre Kandidaten müssen auch im Wahlkampf ihr politisches Amt ausüben. Sie können daher gleichsam automatisch mit Medienbeachtung rechnen. Wenn sie geschickt damit umgehen, hilft das ihrer Kampagne sehr. So kam dem damaligen Kanzler Gerhard Schröder im Bundestagswahlkampf 2002 zugute, dass er sich beim Hochwasser der Oder als tatkräftiger Krisenmanager zeigen konnte. Zur gleichen Zeit wurde über ein militärisches Eingreifen im Irak diskutiert. Schröder lehnte dies entschieden ab und entsprach damit der überwiegenden Meinung der Bevölkerung. Journalisten, die seinen Wahlsieg erklärten, verwiesen oft auf seine geschickte Instrumentalisierung dieser Ereignisse.

Gern auch werden für Wahlkampfzwecke politische Gipfeltreffen genutzt, zum Beispiel internationale Politikertreffen etwa der sogenannten G-8- oder G-20-Gruppe. Sie bieten Amtsinhabern die Gelegenheit, sich als wichtige Politiker auf internationalem Parkett in Szene zu setzen – mit entsprechend hoher Medienbeachtung. Vor der Wahl 2013 verschafften Treffen in St. Petersburg und in Vilnius der Bundeskanzlerin Angela Merkel breite Medienbeachtung und die Gelegenheit, sich mit Statements und in Interviews zu äußern. Auch frühere Bundeskanzler befolgten das Rezept. Besonders auffällig war das im Wahlkampf 1990. Der damalige Bundeskanzler Helmut Kohl empfing aus Anlass der deutschen Vereinigung eine ganze Reihe von Staatsgästen, neben den Präsidenten der USA und der Sowjetunion auch noch die Ministerpräsidenten Polens, Rumäniens und der Tschechoslowakei. Das sorgte jedes Mal für vorteilhafte Fernsehpräsenz.

Um Medienpräsenz zu erzielen, die sich aus dem politischen Geschehen ergibt, kann das Kampagnenmanagement nachhelfen. So lassen sich passende Ereignisse in die Wahlkampfzeit verlegen oder Ereignisabläufe so gestalten, dass sich für Kandidatenauftritte möglichst günstige Gelegenheiten ergeben. Dafür bieten sich Orte mit hohem Symbolwert an, etwa eine Gedenkstätte wie das ehemalige Konzentrationslager Dachau, das Angela Merkel im Wahlkampf 2013 besuchte. Aber auch weniger spektakuläre Anlässe können für Medienbeachtung sorgen. Ein einfaches Mittel ist es, Sonderparteitage in der Wahlkampfzeit zu veranstalten. Dieses Rezept verfolgten beispielsweise die Grünen und die FDP zwei Wochen vor dem Wahltag 2013.

Parteitage, Kundgebungen, Bürgergespräche und andere Parteiveranstaltungen werden inzwischen routinemäßig als Medienereignisse angelegt. Obwohl mitunter organisatorisch und finanziell aufwendig, sind sie aus der Sicht des Kampagnenmanagements *earned media,* also kostenlose Wahlwerbung. Dank breiter Medienbeachtung können sie zum Kampagnenerfolg beitragen. Das gilt mehr noch für die Medienereignisse im engeren Sinn, für die typisch ist, dass sie nur in den Medien und durch die Medien stattfinden. Dazu gehören die Diskussionsrunden und die Fernsehdebatten der Spitzenkandidaten. Da Personen im Mittelpunkt stehen, Konflikte meist heftig ausgetragen werden und da sie wie Sportereignisse einen Wettbewerbscharakter haben, ist das Wählerinteresse groß. Sie tragen dazu bei, dass sich viele Wähler – auch die an Politik nicht besonders interessierten – ein Bild von den Kandidaten, ihren Programmen und Versprechungen machen können.

# 4. Das Medienbild der Kampagne

Welches Bild der Kampagne die Medien vermitteln, beeinflusst die Vorstellungen der Wähler und damit auch die Erfolgschancen der Parteien und einzelner Kandidaten. Größte Beachtung finden die Fernsehduelle der Spitzenkandidaten und die Frage, wer von den Kontrahenten besser abgeschnitten hat. Über den Stand des Rennens geben auch Umfragen Auskunft, die meist die Medien in Auftrag geben. Das bietet Stoff für Veröffentlichungen, kreiert aber auch eine politische Realität, die auf den Verlauf des Wahlkampfs zurückwirkt. Die Medien konzentrieren sich auf strategische Aspekte des Wahlkampfs. Die inhaltliche Substanz, Themen und Programme der Parteien bleiben mitunter auf der Strecke. Man kann das erklären, wenn man weiß, was Ereignisse zu Nachrichten macht. Dieses Kapitel geht darauf näher ein, auch auf Unterschiede zwischen einzelnen Medien und auf den Wandel der Wahlkampfberichterstattung.

F ernsehdebatten sind ein Höhepunkt des Wahlkampfs. Kein anderes Mittel der Wahlkommunikation erreicht so viele Wähler. In Deutschland fanden sie – nach amerikanischem Muster – zum ersten Mal vor der Bundestagswahl 2002 statt. Seit im amerikanischen Präsidentschaftswahlkampf 1960 der Kandidat John F. Kennedy gegen den damaligen Vizepräsidenten Richard Nixon antrat und schließlich die Wahl gewann, gelten Fernsehdebatten als ein wahlentschei-

dendes Ereignis. Tatsächlich erreichten die insgesamt vier
Debatten damals eine riesige Aufmerksamkeit. Allerdings hat
die Forschung ihre wahlentscheidende Wirkung nicht zwei-
felsfrei nachweisen können.

## Die Fernsehdebatte – ein Höhepunkt der Kampagne

Die Legende lebt gleichwohl bis heute. Zur Legende gehört
auch, dass Nixon besonders schlecht rasiert war und dass die
Fernsehbilder das besonders deutlich machten. Das Fernseh-
bild ließ Nixon angeblich müde und kraftlos aussehen. Er kam
daher bei den Radiohörern besser an, während Kennedy den
Wählern am Bildschirm einen besseren Eindruck vermittelte. Ob diese Deutung plausibel ist, kann man an den auf You-
Tube eingestellten Filmaufzeichnungen überprüfen (http://
www.youtube.com/watch?v=gbrcRKqLSRw).

In der Bundesrepublik Deutschland haben zunächst alle
Bundeskanzler die Konfrontation in einer Fernsehdebatte
verweigert. Sie nahmen – nicht ganz ohne Grund – an, dass
weniger der Amtsinhaber als der Herausforderer davon profitieren würde, besonders wenn er vielen Wählern nicht so bekannt ist. Erst der damalige Bundeskanzler Gerhard Schröder
war im Wahlkampf 2002 bereit, sich seinem Herausforderer
Edmund Stoiber zu stellen. Das »Fernsehduell« der Kanzlerkandidaten, wie es bei uns meist heißt, war damit als wichtiges
Wahlkampfereignis etabliert. Auch in vielen anderen Ländern
gehören inzwischen Fernsehdebatten zum Wahlkampfritual.

Kaum ein anderes Ereignis oder Kommunikationsmittel hat eine so große Bedeutung für den Verlauf der Kampagne und für die Wahlentscheidung der Bürger. Die Kampagnenplaner können damit rechnen, dass der Fernsehauftritt
der Kandidaten eine sehr große Anzahl vor allem noch un-
entschlossener und politisch weniger interessierter Wähler

erreicht. Die Reichweite der Sendungen ist zumal dann besonders groß, wenn sie live und zeitgleich auf mehreren Kanälen übertragen wird. In Deutschland waren das 2013 die öffentlich-rechtlichen Sender ARD, ZDF und Phoenix sowie die zwei Privatsender RTL und ProSieben. Die Debatte hatte 17,7 Millionen Zuschauer. Vor der Bundestagswahl 2005 erreichte das Fernsehduell zwischen dem damaligen Bundeskanzler Gerhard Schröder und der Herausforderin Angela Merkel sogar knapp 21 Millionen Zuschauer.

Auch aus Sicht der Fernsehsender ist das ein großer Erfolg, denn üblicherweise haben ihre politischen Sendungen bei weitem nicht so viele Zuschauer. Die Sender tun allerdings auch selbst viel für diesen Erfolg, und zwar mit Ankündigungen und Vorberichterstattung, mit Diskussionsrunden von Beobachtern und mit Zuschauerbefragungen. Mit den Befragungen während und nach den Sendungen ermitteln sie, wer besser abgeschnitten hat. So werden die Debatten zu einem Wettbewerb stilisiert, vergleichbar einem wichtigen Sportereignis.

Ein unstreitiger Effekt der hohen Fernsehreichweite ist, dass viele Wähler auf das Ereignis der bevorstehenden Wahl aufmerksam werden und, mitunter zum ersten Mal, etwas über die Themen und Programme der Parteien erfahren. Für viele Wähler bieten die Debatten die Gelegenheit, die Kandidaten bei einem längeren Fernsehauftritt zu beobachten und sich ein Bild von ihrer Kompetenz, ihrem Aussehen und ihrer Persönlichkeit zu machen. Das gilt vor allem für den jeweiligen Herausforderer, der in der Regel nicht so bekannt ist wie der Amtsinhaber.

Die Möglichkeit intensiver Beobachtung birgt allerdings auch Risiken, denn sie kann Schwächen der Kandidaten offenbaren. Das können zum Beispiel Fehlreaktionen, sachliche Irrtümer oder unbedachte Äußerungen sein. Diese werden von den Kommentatoren in den Sendern und von den beobachtenden Medien gern aufgegriffen und vielfach verbreitet.

Vor allem in den sozialen Netzwerken und auf YouTube erhalten sie breite Resonanz. Um solche Risiken zu minimieren und einen möglichst vorteilhaften Fernsehauftritt sicherzustellen, bereiten sich die Kandidaten sorgsam vor und absolvieren mitunter ein intensives Debattentraining.

Seit der Bundestagswahl 2005 können sich die Kanzlerkandidaten zusätzlich zu den TV-Duellen jeweils einzeln in einer »Wahlarena« genannten Fernsehsendung präsentieren. Diese Sendungen sind dem *Townhall*-Format aus US-Wahlkämpfen nachempfunden. Der Reiz dieser Sendungen besteht darin, dass die Fragen nicht, wie bei den Duellen, von Journalisten gestellt werden, sondern von den im Studio anwesenden Wählern. Die Kandidaten werden dabei teils mit Problemen konfrontiert, die in den politischen Debatten sonst keine Rolle spielen. Man kann sie daher auch mal sprachlos sehen oder mit ausweichenden Antworten, die ein willkommener Anlass sind für eine kritische Nachbereitung in den Medien, vor allem im Internet.

Aber auch die TV-Duelle verlaufen nicht immer reibungslos und wie geplant. Es sind oft Randthemen oder Nebensächlichkeiten, an denen sich die Aufmerksamkeit in den Medien festmacht. Bei der Debatte 2005 war es Gerhard Schröders Liebeserklärung an seine Frau, bei der Debatte 2013 die Halskette der Bundeskanzlerin und die Performance des Moderators Stefan Raab. Die professionellen Beobachter lauern vor allem auf politische Irrtümer und Fehlreaktionen der Kandidaten. Bei der Debatte 2013 war das eine Äußerung des Kandidaten Peer Steinbrück, der in missverständlicher Weise die Angleichung von Zuwächsen bei Renten und Beamtenpensionen forderte. Dies war Vorlage für Kanzlerin Angela Merkel, ihm vorzuwerfen, er wolle Einschnitte bei Beamten mit geringem Einkommen wie Polizisten und Lehrern. Die Bundeskanzlerin ließ sich während der Sendung dazu drängen, eine PKW-Maut kategorisch auszuschließen. Damit stellte sie sich offen gegen das Wahlprogramm der bayerischen Schwesterpartei CSU. Vor allem diese beiden Äußerungen waren dann Anlass für die Nachberichterstattung der Medien, für politische Diskussionen in der Öffentlichkeit, in Fernseh-Talkshows und im Internet. Einige Webseiten unterzogen die Äußerungen der Kandidaten einem genauen »Faktencheck«.

Der politische und mediale Nachhall der Debatten kann den weiteren Verlauf des Wahlkampfs bestimmen. Er hat auch einen Einfluss darauf, wie die Wähler auf die Debatte reagieren. Ihr Urteil bilden sie jedoch nicht nur anhand der direkten Beobachtungen vor dem Bildschirm. Einflussreich sind auch die Urteile während und nach der Sendung im Familienkreis, mit Freunden und am Arbeitsplatz. Ferner gehen in das Wählerurteil die Ergebnisse von demoskopischen Umfragen ein, die teils schon während der Sendung und unmittelbar im Anschluss daran, teils an den Tagen danach veröffentlicht werden. Anhand der Umfrage-Ergebnisse konzentriert sich die öffentliche Diskussion auf die Frage, wer das Duell gewonnen hat. Diese Diskussion wird wiederum in Presse, Radio, Fernsehen, im Internet und in sozialen Medien transportiert und kommentiert. Der mediale Nachhall dauert im Allgemeinen mehrere Tage an und entfaltet erst allmählich seinen Einfluss auf die Wähler und den weiteren Verlauf der Kampagne.

Einige Aufschlüsse über Zuschauerreaktionen bietet auch das Twitter-Echo der Debatte. Verfolgt man beispielsweise den Verlauf der während der Sendung geposteten Tweets, so lässt sich erkennen, welche Äußerungen der Kandidaten besonders viele Reaktionen hervorgerufen haben. Das ZDF veröffentlichte die Twitter-Reaktionen als eine Art »Fieberkurve« auf seiner Webseite (Abbildung 5). Das Twitter-Echo ist jedoch nicht annähernd repräsentativ, nicht einmal für die Netzgemeinde. Es zeigt hauptsächlich die Reaktionen parteipolitisch besonders engagierter Wähler. Es ist auch deshalb verzerrt, weil Unterstützer und die Kampagnenteams der Kandidaten Einfluss auf das Meinungsbild im Netz nehmen.

**Abb. 5**    Das Twitter-Echo des TV-Duells 2013

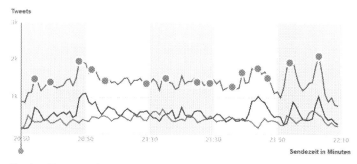

Die obere Kurve zeigt die Anzahl der Tweets pro Minute während des TV-Duells, die mittlere Kurve die Tweets zu Angela Merkel und die untere, flachere Kurve die Tweets zu Peer Steinbrück.

Quelle: http://wwwdyn.zdf.de/heutede/TVDuell/

Die Netzaktivitäten ergänzen zwar die Erkenntnisse aus Meinungsumfragen, ersetzen diese aber nicht. Einen genaueren Eindruck von der Resonanz der Debatte geben Untersuchungen, die zeitgleich mit der Sendung die Reaktionen ausgewählter Zuschauergruppen registrieren. Im Prinzip ähnelt das den Abstimmungen, bei denen das Publikum von populären Fernsehshows eine Art Fernbedienung zur Hand hat. Ein erstes Ergebnis solcher Messungen sind Reaktionskurven ähnlich dem Twitter-Echo der Kandidaten. Allerdings ermitteln die wissenschaftlichen Messungen genauer das Ausmaß an Zustimmung und Ablehnung der Zuschauer, und zwar zu jedem der beiden Kandidaten sekundengenau während der gesamten Sendung. Ergänzt wird dies durch Befragungen vor und nach den Sendungen und durch Analysen der Debatteninhalte, der Themen, Argumente, der rhetorischen Strategien jedes Kandidaten in einzelnen Debattenphasen. Auf diese Weise kann man erkennen, welche Äußerungen und Verhal-

tensweisen der Kandidaten die Zuschauer besonders beweg-
ten und warum das der Fall war.

Außer bei Bundestagswahlen wird dieses Fernsehformat
des »Duells« der Protagonisten auch bei Landtagswahlen und
vereinzelt sogar bei Kommunalwahlen eingesetzt. Im Vor-
feld von Landtagswahlen treten die Kandidaten für das Amt
des Ministerpräsidenten im Regionalfernsehen der ARD ge-
geneinander an. Die regionalen Sender – wie auch die überregional ausgestrahlten Kanäle – bieten zudem eine Debat-
tenplattform für die kleineren Parteien, die in den meisten
Parlamenten vertreten sind. Zur Tradition gehören schon seit
längerem Diskussionsrunden wie etwa »Die Berliner Runde«
im Fernsehen von ARD und ZDF, an der vor und nach dem
Wahltermin die Spitzenkandidaten aller im Bundestag vertretenen Parteien teilnehmen.

## Der Stand des Rennens

Zehn Tage vor der Bundestagswahl 2013 brachte das Titelbild
einer Magazin-Beilage der *Süddeutschen Zeitung* noch einmal Schwung in einen Wahlkampf, der bis dahin als ziemlich
langweilig galt. Auf dem Magazin-Titelfoto zeigte der Kandidat Peer Steinbrück den Stinkefinger mit einem verächtlichen
Gesichtsausdruck. Schon am Tag vor dem Erscheinen poste-
te das Magazin das Foto im Web, und im Nu erschien es dann
auch im Fernsehen und in anderen Medien. Es war ein typi-
sches Medienereignis, von Medien geschaffen, weiterverbrei-
tet und hochgespielt.

Dazu gehörte auch die Interpretation der Geste, wie sie
etwa auf Zeit-Online zu lesen war: »Peer Steinbrück zeigt je-
nen den Mittelfinger, die er eigentlich von sich überzeugen
möchte … ›Ihr seid mir scheißegal‹, das ist der Eindruck, der
bei vielen Wählern nach diesem Foto hängen bleiben wird.«
Und natürlich nutzten die politischen Gegner die Gelegen-

**Abb. 6**    Titel des SZ-Magazins am 13. 9. 2013

Quelle: http://www.sueddeutsche.de

heit zum Nachtreten. So äußerte sich etwa der damalige FDP-Vorsitzende Philipp Rösler in den Fernsehnachrichten: »Die Geste verbietet sich als Kanzlerkandidat. So etwas geht nicht.« Es schien, als sei damit für den SPD-Kandidaten das Rennen gelaufen.

Die Umfragen räumten schon Wochen und Monate vor der Wahl der Kanzlerin Angela Merkel höhere Chancen ein als ihrem Herausforderer. Auch in der sogenannten Sonntagsfrage führte die CDU/CSU deutlich vor der SPD. In den Umfragen wird einer Stichprobe von Personen, die ein verkleinertes Abbild aller Wahlberechtigten sind, die hypothetische Frage gestellt, welche Partei sie wählten, wenn schon am nächsten Sonntag gewählt würde. Daneben wird üblicherweise ermittelt, wen sie von den Spitzenkandidaten lieber im Kanzleramt sähen. Durch die Veröffentlichung der Umfrage-Ergebnisse weiß man über den Stand des Rennens – das *horse race,* wie es in den USA heißt – ziemlich genau Bescheid.

Allein während der letzten zweieinhalb Wochen des Wahlkampfs 2013 wurden 18 Umfragen veröffentlicht, die allesamt von ARD, ZDF, RTL, *Bild am Sonntag* und einigen weiteren Zeitungen in Auftrag gegeben worden waren. Die Umfrage-Ergebnisse dienen den Medien als Stoff für ihre Berichterstattung über den Stand des Rennens. Die Ergebnisse erscheinen den Wählern als ein Faktum, als objektive Information. Die Medien als Auftraggeber der Umfragen berichten aber über ein Faktum, an dessen Zustandekommen sie selbst entscheidend beteiligt sind. Die Umfragen sind eher ein Medienkonstrukt als objektive Realität, sie sind Medienrealität mit weitreichenden Folgen. Die Umfrage-Ergebnisse werden in der Regel zum Gegenstand der politischen Diskussion, regen vielfältige Spekulationen über den weiteren Verlauf der Kampagne an. Das wiederum bietet neue Fakten, weiteren Stoff für die Berichterstattung. Zugleich wird die Spannung erhöht, wie es denn weitergeht mit dem Wettstreit der Parteien und Kandidaten. Die nächste Umfrage gibt darauf die Antwort, gibt den Medien neuen Stoff für ihre Berichterstattung und der politischen Diskussion neue Nahrung.

Dieses Wechselspiel zwischen Medien und Politik ist nicht nur eine reizvolle Spiegelfechterei. Es hat auch Rückwirkungen auf das politische Geschehen. Zum einen hat es Folgen für den weiteren Verlauf der Kampagne. Strategien und Maßnahmen der Parteien, auch die Aktivitäten der Spitzenkandidaten orientieren sich an den Umfragen zum Stand des Rennens und an der öffentlichen Diskussion darüber. Sehr viele Wähler nehmen diese Umfragen wahr, wie sich empirisch belegen lässt. In der Endphase des Bundestagswahlkampfs 2013 gaben knapp zwei Drittel der Wähler an, sie hätten »in der vergangenen Woche Berichte über aktuelle Meinungsumfragen zur Bundestagswahl gesehen oder gelesen«.

Die Umfragen prägen auch den Eindruck der Bürger vom Wahlkampf und ihre Annahmen zu den Siegchancen der Parteien und Kandidaten. Das belegen mehrere empirische Studien. Ob und in welcher Weise die Umfragen das Wahlverhalten beeinflussen, dazu gibt es zwei gegensätzliche Annahmen. Eine ist die These vom Mitläufereffekt (auch *bandwagon effect* genannt nach dem Wagen, auf dem die Band spielt, der in den USA typischerweise eine Parade anführt). Diese These nimmt an, dass sich Wähler der Meinung der Mehrheit anschließen, weil sie bei den Siegern sein wollen. Dadurch gewinnt der im Rennen führende Kandidat weitere Anhänger hinzu.

Es gibt aber auch die gegenteilige Vermutung, nämlich die These vom Mitleidseffekt *(underdog effect)*. Diese These nimmt an, dass Wähler die schwächere Partei bzw. den im Rennen zurückliegenden Kandidaten unterstützen wollen. Das deutsche Wahlsystem mit Erst- und Zweitstimme begünstigt das durch die Möglichkeit des sogenannten Stimmen-Splittings. Man kann die Erststimme dem Wahlkreiskandidaten der einen Partei geben und zugleich mit der Zweitstimme eine andere Partei stärken und ihr damit z. B. über die Fünf-Prozent-Hürde verhelfen. In der Vergangenheit hat ein solches strategisches Wählen gelegentlich der FDP genützt, aber auch schon mal der CDU geschadet, weil ihr Zweitstimmen zur Mehrheit fehlten.

Ob und wie die Wähler ihr eigenes Wahlverhalten an Umfrage-Ergebnissen ausrichten, ob ein Mitläufer- oder ein Mitleidseffekt eintritt, hängt von zusätzlichen Bedingungen ab. Eine Bedingung ist der Abstand zwischen den konkurrierenden Lagern und ihren Spitzenkandidaten. Ist er groß und über längere Zeit stabil, sind Effekte durch die Wahrnehmung von Umfrage-Ergebnissen wenig wahrscheinlich. Anders dagegen bei einem Kopf-an-Kopf-Rennen. Dann können schon relativ kleine Verschiebungen in den Parteipräferenzen große politische Folgen haben. In dieser Situation ist eher zu erwarten, dass sich Wähler nach dem Muster eines Mitläufer- oder eines Mitleidseffekts verhalten, auch dass sie durch Stimmen-Splitting strategisch wählen.

Um eine Beeinflussung der Wähler durch veröffentlichte Umfrage-Ergebnisse zu verhindern, sind in manchen Ländern – so beispielsweise in Frankreich und Italien – Veröffentlichungen in den letzten Wochen vor der Wahl verboten. In Deutschland, Österreich und in der Schweiz gibt es bisher kein solches Verbot. Die Medien verzichteten meist freiwillig darauf, in der letzten Woche vor dem Wahltag aktuelle Umfrage-Ergebnisse zu berichten. Von dieser Praxis wich erstmals das ZDF 2013 ab und veröffentlichte drei Tage vor der Wahl aktuelle Ergebnisse über den Stand des Rennens. Die Zeitung *Bild am Sonntag* zog dann nach und vermeldete noch am Wahltag eine Last-Minute-Umfrage.

In der Öffentlichkeit wurde das kontrovers diskutiert. Kritiker befürchteten eine unzulässige Beeinflussung, weil viele Wähler Umfrage und Wahlergebnis verwechseln würden. Neben anderen kritisierte auch Bundestagspräsident Norbert Lammert die Veröffentlichung: »Die täglichen Wasserstandsmeldungen der jeweils neuen Ergebnisse bis zum Wahltag halte ich nicht für eine Errungenschaft.« Andere wie der FDP-Politiker Wolfgang Kubicki verteidigten die Veröffentlichung mit dem Argument, sie sei ein wichtiger Beitrag zur Transparenz: »Wenn Politiker bis zum Schluss die Umfragezahlen wissen wollen, hat auch die deutsche Öffentlichkeit ein Recht darauf, die Daten zu erfahren.«

## Muster der Berichterstattung

In den USA kam schon vor Jahrzehnten Kritik daran auf, dass die Medien ein Bild des Wahlkampfs zeichnen, das auf die Frage verengt ist, wer das Rennen gewinnt. Untersuchungen dokumentierten damals, dass sich ein erheblicher Teil der Berichterstattung auf strategische Aspekte konzentrierte, insbesondere auf den Kandidatenwettstreit, auf das *horse race*. Dieses Ergebnis gilt als bedenklich, weil die Medien damit ihre Aufgabe der Politikvermittlung ungenügend erfüllen. Es wäre ihre Aufgabe, den Wählern die politischen Programme der Parteien und Kandidaten zu vermitteln, über die diskutierten Sachfragen zu informieren. Wenn sie sich stattdessen auf den Kandidatenwettstreit konzentrieren, dient das eher der Unterhaltung als der Information der Wähler.

Inzwischen liegt eine Vielzahl von Analysen zum Kampagnenbild der Medien vor, auch aus Deutschland, Österreich, der Schweiz und vielen anderen Ländern. Ein zentraler Untersuchungsaspekt ist auch dabei die Konzentration auf strategische Berichterstattung. Das sind Berichte über den Stand des Rennens, über Wahlkampfstrategien, über Streitigkeiten zwischen und innerhalb von Parteien oder über Äußerungen zu möglichen Regierungskoalitionen. Der Strategie-Anteil wird dann mit dem Substanz-Anteil verglichen. Als »Substanz« gelten Berichte über Sachfragen, über konkrete Themen und Probleme, über die Wahlprogramme der Parteien.

In den USA wurde seit den 1960er Jahren eine erhebliche

Zunahme von Strategie-Anteilen in den Kampagnenberichten der bedeutenden Fernsehsender festgestellt und entsprechend ein Rückgang an politischer Substanz. Für Deutschland liegen derartige Fernsehanalysen erst seit gut zwei Jahrzehnten vor. Sie zeigen einen starken Anstieg von Strategie-Anteilen in den 1990er Jahren. Seitdem stagnieren die Werte auf hohem Niveau. Ein ähnliches Trendmuster weist die Kampagnenberichterstattung des Fernsehens in Österreich auf. Der Grund dafür liegt zum Teil darin, dass Wahlkämpfe im Lauf der Zeit ihren Charakter änderten. Es liegt auch am Wandel der Medien und des politischen Journalismus. In der journalistischen Sicht auf die Kampagne spielen unter anderem die ständigen »Wasserstandsmeldungen« über den Stand des Rennens eine immer größere Rolle.

Wenn in den Berichten die Frage »Wer gewinnt?« im Mittelpunkt steht, richtet sich automatisch viel Aufmerksamkeit auf die Kandidaten für das höchste Regierungsamt. Üblicherweise hat der jeweilige Amtsinhaber – also z. B. Kanzlerin, Ministerpräsident, Bürgermeister – in den Medien einen *Amtsbonus.* Dieser Aufmerksamkeitsvorteil ist in Zeitungen meist größer als im Fernsehen. Es gibt aber auch mal Abweichungen vom üblichen Muster. So hatte im Wahljahr 2005, als sich mit Angela Merkel zum ersten Mal eine Frau um das Amt des Bundeskanzlers bewarb, die Herausforderin mehr Medienbeachtung als der damalige Amtsinhaber Gerhard Schröder.

Der Amtsbonus erklärt sich teils aus dem hohen Nachrichtenwert von Angehörigen der politischen Prominenz und Elite. Medien beachten bevorzugt sehr mächtige und angesehene Personen und Organisationen. Ein Amtsbonus resultiert auch daraus, dass der Amtsinhaber während des Wahlkampfs seinen Regierungsgeschäften nachgeht. Wenn die Medien in Wahrnehmung ihrer Chronistenpflicht über das Regierungshandeln berichten, erhält der Amtsinhaber gleichsam automatisch Medienpräsenz. Das Kampagnenmanagement des Amtsinhabers hilft dabei mitunter nach, indem politische Ereignisse, bei denen sich der Amtsinhaber öffentlich darstellen kann, so terminiert werden, dass sie in den Wahlkampf fallen.

Die starke Beachtung von Amtsinhaber und politischer Prominenz wirft die Frage auf, ob die Medien – ähnlich wie mit der Betonung des Kandidatenwettstreits – ihre Informationspflichten vernachlässigen. Medienanalysen dokumentieren vor allem für das vom Fernsehen vermittelte Wahlkampfbild eine Konzentration auf Personen der politischen Elite. Denn für die bildliche Vermittlung eignen sich am besten »sprechende Köpfe«, also Interviews, Rede-Ausschnitte und kurze Statements, am besten von prominenten Politikern. Kritiker sehen darin eine Entwicklung, die Wahlen mehr und mehr zu einem »Personalplebiszit« werden lässt.

Langfristig angelegte Untersuchungen zeigen, dass vor allem die Visualisierung der Kandidatendarstellung zunahm, sowohl in der Presse wie auch im Fernsehen. Vor allem die Kanzlerkandidaten werden im Bild präsentiert. Fernsehnachrichten wurden im Lauf der Jahre lebendiger und anschaulicher. Am Beispiel der deutschen Fernsehnachrichten ist dieser Trend deutlich zu erkennen, wie Abbildung 7 zeigt. Auch Zeitungen bringen heute mehr Bilder als früher. In den zunehmend visualisierten Kandidatenauftritten drückt sich ein Wandel des Nachrichtenstils aus, begünstigt durch technische Fortschritte im Bildjournalismus. Die Fernsehduelle, die seit 2002 fester Bestandteil der Wahlkämpfe sind, steigerten ebenfalls die bildliche Nachrichtenpräsenz der Spitzenkandidaten.

Die zunehmend visualisierte Medienpräsenz der Kandidaten kann man auch, wie es gelegentlich geschieht, als Personalisierungstrend interpretieren. Bezogen auf den Eindruck der Mediennutzer, ist das eine gerechtfertigte Deutung. Sie bekommen tatsächlich durch die bildliche Präsenz der Kanzlerkandidaten einen zunehmend personalisierten Eindruck vom Wahlkampf. Es gibt allerdings bisher keine klaren Hinweise darauf, dass dies eine Personalisierung des *Wählerverhaltens*

**Abb. 7** Visualisierung der Kandidatendarstellung im Fernsehen

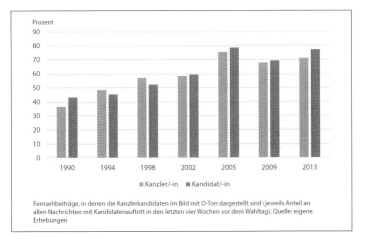

Fernsehbeiträge, in denen die Kanzlerkandidaten im Bild mit O-Ton dargestellt sind (jeweils Anteil an allen Nachrichten mit Kandidatenauftritt in den letzten vier Wochen vor dem Wahltag); Quelle: eigene Erhebungen

zur Folge hat, d. h. ein vorwiegend an Kandidaten und ihren Eigenschaften orientiertes Abstimmungsverhalten.

Eine personalisierte Darstellung des Wahlkampfs hat aus Sicht der Parteien und ihres Kampagnenmanagements einige Vorteile. Wähler interessieren sich mehr für Personen als für Sachfragen oder gar für abstrakte Themen. Das gehört zur Natur des Menschen. Personalisierung fördert daher eine publikumswirksame Politikvermittlung und damit die Aufmerksamkeit für die Kandidaten. Aus demselben Grund ist es im Journalismus allgemein üblich, abstrakte Themen an Personen »festzumachen«, d. h. am Schicksal oder am Handeln einzelner beispielhaft ausgewählter Bürger. Auch Zitate und Medienauftritte von Politikern, die sich durch ihr Engagement für ein bestimmtes Thema profiliert haben, dienen häufig dazu, ein Thema zu personalisieren.

Bei manchen Medien geht die Personalisierung allerdings sehr weit. Das gilt besonders für die Boulevardpresse und das private Fernsehen. Ihr Blick auf den Wahlkampf ist stärker als bei anderen Medien auf die Spitzenkandidaten und einige wenige prominente Politiker verengt. Diese werden dabei nicht nur in ihrer politischen Rolle, d. h. im Hinblick auf ihre Amtsführung und politische Kompetenz beachtet. Herausgestellt wird mitunter auch ihr Privatleben. Das Kandidatenbild wird »vermenschlicht«, auch indem zur Charakterisierung unpolitische Eigenschaften dienen wie ihre Familienverhältnisse, ihr Aussehen und ihre Kleidung.

Manche Kandidaten kommen dieser Tendenz entgegen und zeigen sich selbst von ihrer menschlichen und privaten Seite. Das soll ihr Image – ihr Bild in den Augen der Wähler – um sympathische Aspekte bereichern, soll dafür sorgen, dass sich die Wähler mit ihnen identifizieren. Viel beachtete Beispiele dafür sind die Interviews, die Angela Merkel der Frauenzeitschrift *Brigitte* gab. Sie erlaubte darin einen dosierten Blick in ihr Privatleben und stellte sich als eine Frau mit ganz »normalen« Ansichten dar. Das Interview, das im Wahlkampf 2013 vor Publikum in einem Berliner Theater stattfand, findet man als Video bei YouTube (http://www.youtube.com/watch?v=9v-1W58s4e8).

In einem Bericht auf Spiegel Online heißt es dazu: »Einblicke in ihr Privatleben gewährt Angela Merkel sonst nur sehr selten. An diesem Donnerstagabend im Theater erzählt sie, wie sie am Kochtopf steht, wann sich ihr Mann zur Politik äußert und warum Schweigen die Voraussetzung für gute Entscheidungen ist. Natürlich sind es Anekdoten, mit denen Merkel gerade so viel offenbart, wie sie eben möchte. Es ist Wahljahr, und da macht es sich ganz gut, wenn die Bürger ihrer Kanzlerin mal ein bisschen in den Kochtopf gucken können. Ganz kontrolliert, versteht sich.«[6]

Politiker, die den Medien einen Blick in die Privatsphäre er-

---

6    http://www.spiegel.de/politik/deutschland/kanzlerin-im-wahlkampf-merkel-beim-brigitte-talk-a-897824.html

lauben, um ihr Image zu pflegen, können damit auch gründlich scheitern. Dafür steht die »Plansch-Affäre« des ehemaligen Verteidigungsministers Rudolf Scharping. Er ließ sich kurz vor der Bundestagswahl 2002 für die Zeitschrift *Bunte* mit seiner Lebensgefährtin Gräfin Pilati-Borggreve im Pool ablichten, während sich die Bundeswehr auf einen Auslandseinsatz vorbereitete. Zwar war Scharping damals nicht Spitzenkandidat der SPD. Aber Kanzler Gerhard Schröder, der zur Wiederwahl antrat, sah in Scharpings Versuch der Image-Pflege eine Belastung für die SPD-Kampagne und entließ seinen Verteidigungsminister.

Auch der Versuch des SPD-Kanzlerkandidaten Peer Steinbrück mit dem Magazin der *Süddeutschen Zeitung* ging ziemlich schief. Es entstand ein schiefer Eindruck dadurch, dass sich die Aufmerksamkeit auf das Stinkefinger-Bild konzentrierte, ohne den Zusammenhang zu berücksichtigen, in dem es entstand. Es war Teil einer Bilderserie, mit der das Magazin jede Woche einem Prominenten die Gelegenheit bietet, sich selbstironisch mit Gestik und Mimik darzustellen. Die Geste war Steinbrücks pantomimische Antwort auf die Interview-Frage: »Pannen-Peer, Problem-Peer, Peerlusconi – um nette Spitznamen müssen Sie sich keine Sorgen machen, oder?« Aber anstatt die Gelegenheit zu nutzen, sich ironisch über die Spitznamen hinwegzusetzen, reagierte er so, dass sein Magazin-Auftritt als eine weitere Wahlkampfpanne wahrgenommen wurde. Er erklärte das in einem späteren Interview so: »Es war eine Möglichkeit, emotional auszudrücken, dass ich manches auch satthatte.«

## Was ein Ereignis zur Nachricht macht

Von den Journalisten in den Medien wird üblicherweise erwartet, dass sie das Wahlkampfgeschehen als Chronisten beobachten, dass sie über politische Programme der Parteien und über die Kandidaten informieren. Journalisten sind die *Gatekeeper,* die Pförtner am Zugang zur Öffentlichkeit. Sie wählen die wichtigsten Ereignisse aus und berichten darüber nach den Regeln eines professionellen Journalismus. Das gilt jedenfalls für die herkömmlichen Massenmedien und ihre Online-Ausgaben. Ihre gesellschaftliche Aufgabe ist die *Politikvermittlung.* Um diese Aufgabe wahrzunehmen, haben sie Privilegien und im Grundgesetz verankerte besondere Freiheiten.

Zwar können die Parteien und Kandidaten mit ihrer Wahlwerbung und mit Wahlsendungen im Fernsehen die Wähler auch direkt ansprechen. Darüber hinaus können sie über das Internet und in sozialen Netzwerken die herkömmlichen Massenmedien umgehen. Dennoch haben Informationen über den Wahlkampf, die journalistisch aufbereitet sind, noch immer eine große Bedeutung für die Wähler und für die öffentliche Wahrnehmung des Wahlkampfs. Die Bürger stützen sich bei ihrer Wahlentscheidung weitgehend auf diese Informationen. Deshalb beobachten die Wahlkampfplaner der Parteien aufmerksam die mediale Politikvermittlung. Und sie versuchen, durch ihr Themenmanagement und eine mediengerechte Inszenierung von Ereignissen das Medienbild der Partei und ihrer Kandidaten zu beeinflussen.

Wenn man weiß, wie Journalisten ihre Aufgabe der Politikvermittlung wahrnehmen, kann man erklären, warum das Wahlkampfgeschehen, das die Medien vermitteln, eine eigene Medienrealität darstellt.

Die rechtlichen und berufsethischen Anforderungen an die Medien verlangen eine sachliche, neutrale, objektive und umfassende Berichterstattung – so oder ähnlich lauten die Vorgaben. Allerdings können die Journalisten bei ihrer täglichen Arbeit solchen hohen Anforderungen kaum entsprechen. Das liegt erstens daran, dass sie meist unter hohem Zeitdruck und anderen organisatorischen Zwängen der Nachrichtenproduktion arbeiten. Zweitens ist das politische Geschen meist äußerst komplex und in seinen Ursachen und Folgen nicht immer überschaubar. Und drittens gibt es tagtäglich so viel Neues, dass es bei weitem die Kapazität der Medien übersteigt. Von dem berühmten amerikanischen Publizisten Walter Lippmann stammt folgende Analyse des Journalismus:

»Jede Meldung verlangt ein rasches, aber komplexes Urteil. Es muss verständlich sein, muss in Beziehung zu ebenso verständlichen anderen Meldungen gesetzt, je nach seinem voraussichtlichen Interesse für das Publikum hochgespielt oder abgeschwächt werden, wie es eben der Redakteur für richtig hält. Ohne Standardisierung, ohne Stereotypen, ohne Routineurteile, ohne eine ziemlich rücksichtslose Vernachlässigung der Feinheiten stürbe der Redakteur bald an Aufregungen.«[7]

Lippmann schrieb dies 1922 zu einer Zeit, als die Arbeit in einer Zeitungsredaktion noch vergleichsweise geruhsam war. Heute ist die Arbeit in einem modernen *Newsroom* weit anspruchsvoller, weil das Nachrichtenaufkommen erheblich zugenommen hat. Der Wahlkampf produziert heute weit mehr Berichtenswertes als damals, auch weil das Kampagnenmanagement für möglichst viele Ereignisse sorgt, die von den Medien beachtet werden. Der Entscheidungszwang ist heutzutage ungleich größer und der Zeitdruck ist weit stärker, weil Radio- und Fernsehnachrichten und Online-Medien oft stündlich oder noch öfter aktualisiert werden. Umso mehr sind Journalisten auf Standardisierung, auf Routineurteile angewiesen, auf »Stereotype«, wie es Lippmann nannte. Lippmann war übrigens der erste, der diesen Begriff aus der Zeitungstechnik auf menschliche Urteile übertrug. Inzwischen ist *Stereotyp* ein Fachbegriff in der Psychologie und umgangssprachlich ein anderer Ausdruck für Vorurteil.

Im Journalismus ist der Ausdruck *Nachrichtenwert* ge-

---

7    Walter Lippmann: Public opinion. New York, 1922 (zitiert nach der deutschen Ausgabe: Die öffentliche Meinung. München, 1964, S. 240)

bräuchlich, der eine ähnliche, wenn auch weniger wertende Bedeutung hat. Entscheidungen über den Nachrichtenwert eines Ereignisses sind, wie es Lippmann beschrieb, stereotyp, abhängig von »Standardisierungen« und »Routineurteilen«. Die Entscheidungen der Journalisten sind zum Teil abhängig von allgemeinen Gesetzen der menschlichen Wahrnehmung. Daher haben zum Beispiel Ereignisse, die überraschend sind, einen hohen Nachrichtwert. Das gilt ebenso für Ereignisse mit einem stark negativen und bedrohlichen Charakter. Das erklärt den besonders hohen Nachrichtenwert von *Negativismus,* also von Krisen und Konflikten, von Unglücken und Katastrophen, Missständen und Skandalen. Zum anderen orientiert sich die Nachrichtenauswahl auch an der Tragweite des politischen Geschehens und des Handelns führender Personen in wichtigen gesellschaftlichen Bereichen, außer in der Politik vor allem in der Wirtschaft. Die Medien beachten daher besonders aufmerksam das Handeln von Regierungen mächtiger Staaten und Organisationen und von Angehörigen der gesellschaftlichen Elite.

Nicht zuletzt ist es für die Berichterstattung wichtig, ob etwas für die Leser, Hörer, Zuschauer interessant und unterhaltsam ist. Denn um professionell und wirtschaftlich erfolgreich zu sein, müssen die Medien ein größeres Publikum ansprechen. Sie orientieren sich daher an der Betroffenheit des Publikums. Nachrichtenwert haben Ereignisse, die viele Menschen beeinflussen oder berühren. Wichtig sind dabei speziell die Menschen im Verbreitungsgebiet des Mediums. Ein anderes verbreitetes Rezept ist die Personalisierung des berichteten Geschehens. Weit mehr als für nüchterne politische Sachfragen interessiert sich das Publikum für Personen, für deren Eigenschaften, Handeln, Schicksal. Das lässt sich noch steigern, wenn dabei besonders anrührende Aspekte berücksichtigt werden oder wenn es – nach einer simplen Faustregel – um »Blut, Busen, Babys« geht. Schließlich gelten für den Journalismus einige professionelle Regeln für die Darstellung des Geschehens. Dabei handelt es sich um Nachrichtenhandwerk, das Anfängern oft mit Hilfe von »W-Fragen« nahegebracht wird: Was? Wer? Wann? Wo? Wie? Warum? Diese Gesichtspunkte muss eine Nachricht berücksichtigen.

Die Orientierung der Journalisten an solchen Nachrichtenwert-Kriterien erklärt, warum die Massenmedien, genau besehen, nicht Politik vermitteln, sondern ein bestimmtes Medienbild von Politik. Das gilt auch für das Medienbild des Wahlkampfs. Die Berichte konzentrieren sich auf Themen, von denen sehr viele Wähler betroffen sind, wie z. B. Löhne und Renten, Steuern, Mieten und Preise. Viel Aufmerksamkeit erregen auch Konflikte und Kontroversen. Daher erhält der Kandidatenwettstreit so starke Beachtung. Die Medien berichten besonders gern über Parteienstreit, über Kontroversen innerhalb der Parteien und zwischen den Parteien. Dabei stehen oft plakative Argumente und Parolen im Vordergrund, auch ungewöhnliche und emotional berührende Vorkommnisse. Der Verlauf von Streitigkeiten in der politischen Arena erhält oft mehr Medienbeachtung als die sachlichen Gründe der Auseinandersetzungen, strategische Aspekte oft mehr als die Substanz der Politik.

## Nicht alle Medien ticken gleich

Natürlich ticken nicht alle Medien gleich, schon gar nicht in einer offenen, demokratischen Gesellschaft mit Informationsfreiheit und Medienwettbewerb. Die verschiedenen Medien und Medientypen vermitteln ein teils unterschiedliches Wahlkampfbild, weil sie unterschiedliche Prioritäten setzen. Sie geben den einzelnen Nachrichtenwert-Kriterien ein unterschiedliches Gewicht. So bietet ein Boulevardblatt wie die *Bild*-Zeitung ihren Lesern ein anderes Nachrichtenbild als eine Lokalzeitung oder als eine anspruchsvolle, überregional verbreitete Zeitung wie die *Frankfurter Allgemeine.* Radio und Fernsehen gewichten die Kriterien wieder anders, und private Fernsehsender wie z. B. RTL und ProSieben anders als öffentlich-rechtliche wie ARD und ZDF. Online-Medien mit journalistischem Anspruch orientieren sich ebenfalls an Nachrichtenwert-Kriterien, aber mit wiederum anderen Prioritäten.

Politiker fühlen sich von den Medien oft benachteiligt, wie das Beispiel der eingangs zitierten Diskussionsrunde zeigt, in der Ex-Bundeskanzler Gerhard Schröder nach der verlorenen Wahl über »Medienmacht und Medienkampagne« klagte. Der Vorwurf mancher Politiker lautet, die Medien würden den Wahlkampf politisch einseitig darstellen, würden ihre Kampagne benachteiligen und die des politischen Gegners bevorzugen. Tatsächlich kann man den Nachrichten und noch mehr den Kommentaren in manchen Medien die Sympathie für eine bestimmte Partei oder politische Richtung durchaus anmerken. Das gilt besonders für die Nachrichtenmagazine *Der Spiegel* und *Focus,* ebenso für deren jeweilige Online-Ausgaben, auch für die *Bild*-Zeitung, für politische Magazinsendungen im Fernsehen und für viele politische Weblogs.

Es ist zwar durchaus legitim, dass die Medien in ihren Leitartikeln und Kommentaren einseitig eine politische Richtung vertreten. Allerdings ist diese Richtung in einer Zeitung oder bei einem Sender nicht immer einheitlich; oft kommen auch verschiedene Standpunkte zu Wort. Demgegenüber sollen die Nachrichten objektiv sein und ausgewogen das Spektrum der Argumente berücksichtigen, die verschiedene Parteien und Kandidaten vertreten. Die Trennung von Nachricht und Kommentar ist eine grundlegende Anforderung an politischen Journalismus. Die meisten Medien in Deutschland halten sich an dieses Trennungsgebot.

Mitunter wird das aber auch auf subtile Weise unterlaufen. Eine mehr oder weniger tendenziöse Berichterstattung kann auf unterschiedliche Weise zustande kommen. Beispielsweise werden die Ereignisse oder Argumente, die für eine bestimmte Partei günstig bzw. ungünstig sind, »hochgespielt oder abgeschwächt« – wie es Walter Lippmann ausdrückte. Oder es werden »opportune Zeugen« zitiert, d.h. es kommen bevorzugt solche Politiker oder Experten zu Wort, die einseitig einen bestimmten Standpunkt vertreten oder eine parteiische Sicht eines umstrittenen Themas. In der Berichterstattung wird dann die Position unterstützt, die der politischen Grundrichtung des berichtenden Mediums entspricht, also der Richtung, die es in Leitartikeln und Kommentaren vertritt.

Ein tendenziöses Nachrichtenbild entsteht auch dann, wenn Themen in einem ganz bestimmten Bezugsrahmen behandelt werden. In der Wissenschaft wird das als *Framing* bezeichnet. Wenn ein Thema aus einem bestimmten Blickwinkel präsentiert oder in einen bestimmten Problemzusammenhang eingebettet wird, kann das für die eine parteipolitische Richtung vorteilhaft, für eine andere nachteilig sein. Um das an einem einfachen Beispiel zu verdeutlichen: Wenn ein Bericht über das Thema Energiewende die steigenden Kosten betont, die für Unternehmen mit hohem Energieverbrauch entstehen, vermittelt das einen anderen Eindruck, als wenn die Verminderung klimaschädlicher Emissionen im Vordergrund steht. Im ersten Fall begünstigt das Framing eher Parteien mit einem wirtschaftsfreundlichen Programm, im zweiten Fall Parteien, die sich für den Schutz der Umwelt einsetzen.

Als eine spezielle Form des Framings kann man die Neigung zum Negativismus ansehen, die der Kampagnenberichterstattung – wie dem Journalismus allgemein – vorgeworfen wird. So wie Krisen und Konflikte, Missstände und Skandale einen hohen Nachrichtenwert haben, so kann die Betonung negativer Themenaspekte die Berichterstattung nachrichtenwürdiger machen und für stärkere Publikumsbeachtung sorgen. Das konnte man an den Berichten über den Kanzlerkandidaten Peer Steinbrück gut beobachten. Seine Pannen und ungeschickten Äußerungen machten seine Kampagne – ungewollt – nachrichtenwürdig, sorgten für Aufmerksamkeit der Medien und der Wähler. Sie bewirkten aber streckenweise auch ein Nachrichtenbild, das für seine Kampagne ungünstig war.

Die Parteien verfolgen in Deutschland, anders als in den USA, nur vereinzelt Strategien des Angriffswahlkampfs, des *negative campaigning* (siehe die Beispiele im 3. Kapitel). Negativismus spielt daher auch in der Wahlkampfberichterstattung eine wesentlich geringere Rolle als in den USA. Und es gibt keinen Negativismus-Trend, d. h. keine Zunahme negativer Nachrichten, wie das in den USA beobachtet wurde. Zwar enthalten Wahlkampfberichte deutscher Medien seit Einführung der Fernsehdebatten 2002 weit mehr Kandidatenbewertungen als früher. Das sind aber überwiegend zitierte Bewertungen, also kritische und zustimmende Äußerungen von Politikern, Experten und Wählern. Dabei gibt es Unterschiede zwischen einzelnen Medien in der Verteilung von Zustimmung und Kritik auf die Spitzenkandidaten, Unterschiede auch nach Wahljahren bzw. den jeweils zur Wahl stehenden Kandidaten. Im Allgemeinen bringen Zeitungen mehr kritische Äußerungen als das Fernsehen. In den Fernsehnachrichten überwiegen positive Äußerungen, und zwar mehr bei ARD und ZDF als bei den privaten Sendern.

Weil sich viele Menschen mehr für Unterhaltungsangebote interessieren als für die politische Berichterstattung, verfolgen manche Medien das Rezept, Politikvermittlung unterhaltsam zu machen. Oder sie bieten einen Mix aus Politik und Unterhaltung. Für dieses Stilmittel wurde der Begriff *Politainment* geprägt. Das Mittel bietet sich besonders für Radio und Fernsehen an, von denen das Publikum sowieso in erster Linie Unterhaltung erwartet.

Die Vermischung von Politik und Unterhaltung nimmt unterschiedliche Formen an. Zum Beispiel kommen in einer unterhaltenden Serie wie der »Lindenstraße« manchmal politische Themen vor. Politische Talkshows laden gelegentlich Prominente aus Film oder Comedy ein, damit diese die Sendung für ein breiteres Publikum interessant machen. Oder Politiker treten in Unterhaltungssendungen auf, um Aufmerksamkeit auf ihre politischen Anliegen zu richten, um bekannter zu werden, ihr Image zu pflegen, sich mal von einer anderen Seite zu zeigen. So trat beispielsweise Gerhard Schröder – wie auch eine Reihe anderer Politiker – in der populären ZDF-Sendung »Wetten dass« auf, und zwar einmal als Bundeskanzler, ein anderes Mal, als er noch Ministerpräsident war.

## Das Wahlkampfbild im Wandel

Was die Wähler über den Wahlkampf erfahren und wie es ihnen präsentiert wird, ist nicht nur unterschiedlich je nach Medium und je nachdem, welche Medien einzelne Wähler nutzen. Es hat sich auch im Lauf der Zeit verändert. Mit Analysen, die möglichst viele Kampagnen über die Jahre vergleichen, versucht die Forschung, auffällige Trends zu beschreiben und den Wandel zu analysieren.

Ein stark beachtetes Ergebnis dieser Analysen resultiert aus einem Trendvergleich der Politiker-Zitate in Fernsehnachrichten, und zwar der Äußerungen im Originalton, sogenannter O-Töne. Es sind meist kurze Zitat-Happen, deshalb heißen sie in den USA auch *sound bites.* Untersuchungen der Wahlkampfberichterstattung der großen amerikanischen Fernsehnetworks zeigen, dass die Sender die Politiker-Äußerungen im Lauf der letzten Jahrzehnte immer mehr verkürzten. Zugleich nahmen interpretierende und wertende Äußerungen der Reporter und Moderatoren zu. Dies wurde allgemein als eine schleichende Entmündigung der Politiker gedeutet.

Wie die schrumpfenden O-Töne und ein zunehmend interpretierender Journalismus deuten auch andere Trendergebnisse auf einen Stilwandel der Kampagnenberichterstattung des amerikanischen Fernsehens hin. Dazu gehört eine zunehmende Konzentration auf den Kandidatenwettstreit, auf eine Vernachlässigung von politischer Substanz, auf eine zunehmend negative und parteipolitisch einseitige Berichterstattung. Als ein Antrieb des Wandels wird angenommen, dass sich die Berufsauffassung der Journalisten und der Nachrichtenstil der Sender geändert haben. Die Berichte beschränken sich immer öfter nicht nur auf die reinen Fakten, sondern liefern dazu Hintergründe und Interpretationen. Auch medientechnische Innovationen wie die Einführung der digitalen Aufnahme- und Schnitttechnik und die Veränderungen redaktioneller Arbeitsabläufe haben zum Wandel des Nachrichtenstils beigetragen.

Die amerikanischen Forschungsergebnisse regten weltweit dazu an, nach ähnlichen Trends zu suchen, so auch in Deutschland und in Österreich. Dabei wurden nur zum Teil ähnliche Tendenzen des Wandels sichtbar. Untersuchungen der Universität Mainz, die Jürgen Wilke mit seinen Mitarbeitern durchführte, erfassten die Wahlberichterstattung von vier überregional verbreiteten, seriösen Tageszeitungen seit 1949. Sie zeigen, dass der Anteil »harter«, faktenbetonter Nachrichten seit Jahrzehnten zurückging, während der Anteil meinungsbetonter Stilformen – Reportagen, Features und Kommentare – zunahm. Berichte zum Thema Wahl und Wahlkampf – oft unter strategischen Aspekten – erhielten seit den 1980er Jahren zunehmend mehr Anteile am Nachrichtenbild dieser Zeitungen. Sie hatten allerdings auch schon früher in einzelnen Wahljahren ähnlich hohe Anteile.

Im deutschen Fernsehen erhielten Nachrichten über strategische Aspekte in den 1990er Jahren zunehmend mehr Aufmerksamkeit; ihr Anteil blieb seitdem aber weitgehend konstant. Das gleiche Muster zeigen die O-Ton-Statements der Kandidaten, die insbesondere in den 1990er Jahren schrumpften. In Österreich hat sich dieser Trend allerdings kontinuier-

**Abb. 8**    Schrumpfende Sound-Bites im österreichischen Fernsehen

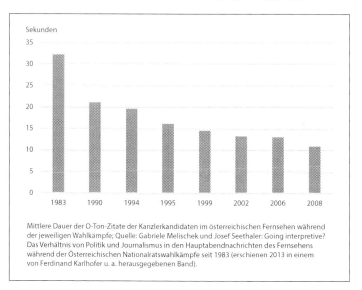

Mittlere Dauer der O-Ton-Zitate der Kanzlerkandidaten im österreichischen Fernsehen während der jeweiligen Wahlkämpfe; Quelle: Gabriele Melischek und Josef Seethaler: Going interpretive? Das Verhältnis von Politik und Journalismus in den Hauptabendnachrichten des Fernsehens während der Österreichischen Nationalratswahlkämpfe seit 1983 (erschienen 2013 in einem von Ferdinand Karlhofer u. a. herausgegebenen Band).

lich fortgesetzt, wie Abbildung 8 zeigt. Beides deutet – wie die zunehmende Visualisierung – auf einen Stilwandel der Fernsehnachrichten in Deutschland und in Österreich hin. Die Verkürzung der Politiker-Zitate macht die Nachrichten dynamischer. Zugleich bringen die Sender mehr interpretierende Äußerungen der Journalisten. Anzeichen für eine Entmündigung der Politiker gibt es für Österreich, jedoch nicht für Deutschland. In den Nachrichten der deutschen Fernsehsender nahm die gesamte Redezeit der Kanzlerkandidaten wie auch ihre bildliche Präsenz im Lauf der Zeit eher zu als ab.

# 5. Medieneinfluss auf die Wahl

Oft wird den Medien ein manipulativer Einfluss auf die Wahl vorgeworfen. Seltener wird bedacht, dass sie eine unverzichtbare Informationsquelle der Wähler sind. Die Wissenschaft hielt zunächst den Medieneinfluss auf die Wahl für minimal. Weil die Wähler Medien selektiv nutzen, komme es nur zu Verstärkungseffekten. Der Siegeszug des Fernsehens erschütterte diese Annahme, und neue Theorien veränderten die Sicht auf politische Kommunikation. Eine ihrer zentralen Annahmen ist die Medienabhängigkeit der Wähler. Daran gibt es aber inzwischen auch erhebliche Zweifel, vor allem seit dem Aufkommen neuer Medien. Nun spielt das aktive Selektionsverhalten der Wähler wieder eine wichtige Rolle zur Erklärung von Medieneinflüssen. Die Forschung konzentriert sich mehr und mehr auf die Bedingungen, die Medienwirkungen einschränken oder modifizieren. Dieses Kapitel behandelt dazu die wissenschaftlichen Erkenntnisse, die am besten gesichert sind.

Die Massenmedien, das Internet und auch die Werbemedien der Parteien bieten den Wählern Informationen und Argumente, anhand derer sie sich eine Meinung bilden können. Diese ist dann die Basis für ihre Stimmabgabe am Wahltag. So in etwa kann man die Sichtweise ganz kurz zusammenfassen, wie sie in manchen Theorien der Demokratie vertreten wird.

## Wählermobilisierung und andere Einflusskriterien

Tatsächlich sind die Verhältnisse viel komplizierter, teils aber auch viel einfacher. Viel komplizierter sind sie, wenn man genauer die Meinungsbildung und die Wahlentscheidung der Wähler betrachtet. Sie stützen sich nicht nur auf die aktuellen Informationen, die sie im Wahlkampf wahrnehmen. Auch früher verarbeitete Informationen spielen eine Rolle, ferner ihre mehr oder weniger festgefügten politischen Überzeugungen, ihre Gespräche im Familien-, Freundes- und Bekanntenkreis und andere Einflüsse mehr.

Teils sind die Verhältnisse aber auch viel einfacher, und zwar für durchaus größere Wählergruppen. Viele Wähler machen sich gar nicht die Mühe, die im Wahlkampf angebotenen Informationen und Argumente abzuwägen, um daraus eine Wahlentscheidung abzuleiten. Sie wählen, was sie schon immer gewählt haben, manchmal auch das, was Familientradition ist. Und nicht wenige gehen deshalb zur Wahl, weil sie das als Bürgerpflicht oder schlicht als selbstverständlich ansehen.

Auf der anderen Seite gibt es auch viele Wahlverweigerer. Sie gehen nicht zur Wahl, weil sie Politik nicht interessiert, weil sie den politischen Parteien misstrauen, weil sie sich für keine Partei so recht entscheiden können oder auch weil sie zu bequem sind. An der Bundestagswahl 2013 haben 17,6 Millionen Wahlberechtigte – das waren 28,5 Prozent – *nicht* teilgenommen, und bei der österreichischen Nationalratswahl 2013 gab es 34,1 Prozent Nichtwähler. Noch geringer ist meist die Beteiligung an Abstimmungen in der Schweiz, und auch der Europawahl bleibt oft mehr als die Hälfte der Wahlberechtigten fern. In Deutschland lag bei der Europawahl 2009 der Prozentsatz der Nichtwähler bei 56,7 Prozent. In einigen anderen europäischen Ländern betrug er sogar um die 70 und 80 Prozent.

In vielen Ländern, so auch in Deutschland, wurde die »Partei der Nichtwähler« in den letzten Jahrzehnten immer größer. Während die Zahl der Nichtwähler seit den 1980er Jahren anstieg, nahm der Stimmenanteil der beiden Volksparteien CDU/CSU und SPD teils dramatisch ab. Das sind Alarmzeichen vor allem für die etablierten Parteien, weil es ihnen offenbar nicht gelingt, mit ihren Kampagnen genügend Wähler zu mobilisieren. Wer nicht an der Wahl teilnimmt, entscheidet sich *gegen* alle zur Wahl stehenden Parteien und Kandidaten. Die fehlende Stimme kann ausschlaggebend dafür sein, dass eine Partei die Fünf-Prozent-Hürde verfehlt oder ein Direktkandidat seinen Wahlkreis nicht gewinnt.

Den Parteien muss daher besonders daran gelegen sein, die unpolitischen und unentschiedenen, die desinteressierten und politikfernen Wähler zur Stimmabgabe zu bewegen. Das sind vor allem jüngere und einkommensschwache Bevölkerungsteile, Arbeitslose, Personen mit geringer Bildung und Bewohner der neuen Bundesländer. Da sich vor allem Gebildete, besser Verdienende und die Älteren an der Wahl beteiligen, haben sie den größten Einfluss auf die Mehrheitsverhältnisse in den Parlamenten.

Eines der wichtigsten Ziele des Wahlkampfs ist es daher, die eher unpolitischen und unentschiedenen Wähler zur Stimmabgabe zu bewegen. Dieses Wählerpotential auszuschöpfen, ist ein lohnendes Ziel der Parteien, weil sie damit ihren Stimmenanteil vergrößern können. Auch Einrichtungen wie die Bundeszentrale für politische Bildung bemühen sich um die politische Beteiligung der Bürger (ebenso wie die 16 Landeszentralen für politische Bildung in den einzelnen Bundesländern). Eines der beliebtesten Angebote ist im Web der *Wahl-O-Mat.* Mit dessen Hilfe können unentschlossene Wähler herausfinden, welcher Partei sie am ehesten zuneigen (http://www.wahl-o-mat.de).

Wähler zu mobilisieren ist auch eine Aufgabe der Massenmedien. Vor allem die öffentlich-rechtlichen Rundfunkanstalten wollen – und sollen – mit ihren Sendungen das Interesse an der Wahl wecken und etwas für die Unterrichtung und Motivierung der Wähler tun. Die Medien können das, indem sie über den Wahlkampf berichten, über die Parteien und Kandidaten, die sich zur Wahl stellen, und ihre jeweiligen Programme und Wahlkampfaktivitäten. Allerdings sind die Nichtwähler über die politische Berichterstattung nur schwer zu erreichen. Die typischen Nichtwähler haben kaum Interesse an politischen Inhalten der Medien. Nur wenige lesen eine seriöse Tageszeitung, allenfalls die *Bild*-Zeitung. Aber immerhin relativ viele nutzen das Fernsehen, insbesondere Fernsehunterhaltung, aber auch Fernsehnachrichten.

Ein Rezept, die politikfernen, aber fernsehaffinen Wahlberechtigten zu erreichen, besteht darin, Politik in Fernsehunterhaltung zu verpacken. Im vorigen Kapitel wurde schon auf solche Programmformate, auf das *Politainment,* hingewiesen. Die Fernsehsender RTL und ProSieben befolgten das Rezept beispielsweise mit abendfüllenden Sendungen wie »TV total Bundestagswahl« und »Wie ticken die Deutschen«, die sie am Vorabend der Bundestagswahl ausstrahlten. Die *Bild*-Zeitung stellte sich 2013 mit launigen Sprüchen in den Dienst der Wählermobilisierung. Am Tag vor der Wahl ließ der Verlag mit einer Auflage von 41 Millionen eine Sonderausgabe an alle deutschen Haushalte verteilen. Der Nebeneffekt der Eigenwerbung war bei diesem Engagement für die Wählermobilisierung sicher nicht unwillkommen (Abbildung 9).

Wenn in der Öffentlichkeit über den Medieneinfluss auf die Wahl diskutiert wird, geht es oft um einen Manipulationsverdacht. Dass die Medien auch einen positiven Einfluss wie die Wählermobilisierung haben können, daran wird weniger gedacht. In wissenschaftlichen Untersuchungen ist die Wahlbeteiligung allerdings nur eines von mehreren Einflusskriterien. Medieneinflüsse werden auch gemessen

1. an der Beachtung und Nutzung von Wahlkommunikation, wie in den Abbildungen 2 und 4 dargestellt,

**Abb. 9** Sonderausgabe der *Bild*-Zeitung zur Bundestagswahl 2013

2. am Informationsnutzen der Wahlkommunikation, den Abbildung 10 im folgenden Abschnitt zeigt,

3. am Informationsgewinn der Wähler und ihren Vorstellungen von den Parteien, Kandidaten und den im Wahlkampf diskutierten Themen,

4. an ihren Meinungen und Einstellungen zu Parteien und Kandidaten,

5. an ihrer beabsichtigten und ihrer tatsächlichen Wahlentscheidung.

Der erste Punkt wurde bereits im 3. Kapitel behandelt. Mit dem zuletzt genannten Kriterium beschäftigt sich vor allem die politikwissenschaftliche Wahlforschung. Die Frage des Medieneinflusses spielt dabei traditionell nur eine untergeordnete Rolle, wie Abbildung 11 weiter unten in diesem Abschnitt verdeutlicht. Die folgenden Abschnitte konzentrieren sich auf die Punkte 2, 3 und 4. Hauptsächlich dazu bietet die Kommunikationsforschung interessante und plausible Erklärungen.

## Informationsquellen der Wähler

Mit zunehmender Verbreitung des Internets und der sozialen Medien wächst von Wahl zu Wahl die Zahl der Bürger, die sich im Wahlkampf den neuen Medien zuwenden. Damit scheinen die neuen Medien die herkömmlichen Massenmedien als Informationsquelle und Entscheidungsgrundlage abzulösen. Das wollte auch der BITKOM-Verband vor der Bundestagswahl 2013 mit der eingangs erwähnten Umfrage glauben machen. Viele Medien berichteten über die Umfrage unter dem Titel »Online-Kampagnen entscheiden die Bundestagswahl«. Dass die Ergebnisse der Umfrage die Behauptung des Titels nicht wirklich belegten, kümmerte sie offenbar wenig.

Aus Bevölkerungsumfragen ist allgemein bekannt, dass neue Medien zwar als politische Informationsquelle zunehmend an Bedeutung gewinnen. Aber nach wie vor ist für die Mehrheit der Bevölkerung das Fernsehen das wichtigste Medium, um sich über Politik zu informieren. Das gilt nicht nur für Deutschland, sondern, wie internationale Vergleiche zeigen, auch noch immer weltweit. In Deutschland informieren sich täglich gut 20 Prozent der Bevölkerung über das aktuelle Geschehen im Internet. Aber dreimal so viele nennen das Fernsehen als Informationsquelle, wie aus repräsentativen Umfragen im Jahr 2013 hervorging. Auch die Zeitung nutzen im Verhältnis zum Internet täglich doppelt so viele Bundesbürger zur Information über Politik. Und dabei ist noch gar nicht berücksichtigt, dass die Internetnutzer vielfach auf die Online-Ausgaben der herkömmlichen Massenmedien zugreifen.

Die Dinge sind jedoch im Fluss. Online-Medien gewinnen kontinuierlich Nutzer hinzu und haben in einzelnen Bevölkerungsgruppen das Fernsehen schon als Informationsquelle Nr. 1 abgelöst. Das gilt inzwischen für die jüngeren Generationen. Von den politisch Interessierten im Alter unter 30 Jahren nutzen knapp zwei Drittel regelmäßig politische Inhalte im Internet, aber nur die Hälfte im Fernsehen. Diese Zahlen sagen etwas über die habituelle Mediennutzung aus, über das gewohnheitsmäßige Informationsverhalten. Speziell zur Mediennutzung im Wahlkampf bieten die Abbildungen 2 und 4 im 3. Kapitel einige Anhaltspunkte. Allerdings verraten die hier wie dort betrachteten Zahlen nur etwas über die *Kontakte* mit verschiedenen Informationsquellen. Ob und wie die jeweils angebotenen Informationen verarbeitet werden und welche Reaktionen sie auslösen, erfahren wir daraus nicht.

Diesen Fragen etwas näher kommt man anhand von Angaben der Wähler, welche Informationsquellen ihnen helfen, eine Wahlentscheidung zu treffen (vgl. Abbildung 10). Auch dabei nennen die meisten Wähler die herkömmlichen Mas-

**Abb. 10**  Informationsnutzen der Wahlkommunikation

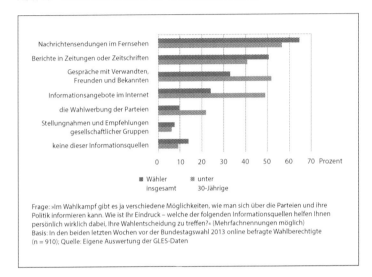

Frage:»Im Wahlkampf gibt es ja verschiedene Möglichkeiten, wie man sich über die Parteien und ihre Politik informieren kann. Wie ist Ihr Eindruck – welche der folgenden Informationsquellen helfen Ihnen persönlich wirklich dabei, Ihre Wahlentscheidung zu treffen?« (Mehrfachnennungen möglich) Basis: In den beiden letzten Wochen vor der Bundestagswahl 2013 online befragte Wahlberechtigte (n = 910); Quelle: Eigene Auswertung der GLES-Daten

senmedien. Mit Abstand am häufigsten stufen sie die Nachrichtensendungen des Fernsehens als hilfreich ein, am zweithäufigsten Berichte in der Presse. An dritter Stelle folgen Gespräche mit Verwandten, Freunden und Bekannten. Informationsangebote im Internet rangieren in der Rangfolge erst dahinter. Und noch weniger Nennungen erhält die Wahlwerbung der Parteien.

Bemerkenswert ist der Informationsnutzen für die jüngeren Wähler. Von ihnen geben besonders viele persönliche Gespräche als hilfreiche Quelle an, und zwar häufiger noch als Internetquellen. Aber auch in dieser Gruppe stehen die Fernsehnachrichten an der Spitze der Nennungen. Auffallend ist bei den unter 30-jährigen Wählern ferner, dass sie die Wahlwerbung der Parteien mehr als doppelt so oft als hilfreich einstufen, verglichen mit den Wählern insgesamt.

Wenn man diese Umfrage-Ergebnisse als Rangordnung der Informationsquellen interpretiert, erhält man allerdings ein künstlich verengtes Bild von der Bedeutung der einzelnen Quellen. Denn die meisten Wähler nutzen mehrere Informationsquellen, und viele finden mehrere hilfreich. Daher addieren sich die Prozentwerte in Abbildung 10 auf einen Wert über 100. Zudem nutzen mehr und mehr Personen verschiedene Medien gleichzeitig. So sind einige, während sie fernsehen, mit ihrem Tablet-Computer oder Smartphone zugleich im Internet. Andere hören Radio, während sie Zeitung lesen oder im Internet surfen. Das immer breitere Medienangebot begünstigt solche Parallelnutzung.

Auch hinter der Angabe Informationsquellen im Internet verbirgt sich zum Teil anderes als es auf den ersten Blick scheint. Man kann das anhand von weiteren Antworten der Befragten aufklären. Sie wurden in derselben Erhebung, aus der die Ergebnisse in Tabelle 10 stammen, auch gefragt: »Auf welchen Internetseiten haben Sie sich in der vergangenen Woche am häufigsten informiert?« Darauf nannten die meisten Wähler Online-Zeitschriften wie spiegel.de und stern.de und an zweiter Stelle Fernsehsender (wie ard.de, zdf.de, rtl.de, sat.1.de). Etwas weniger Nennungen entfielen auf E-Mail-Anbieter (beispielsweise 1&1, web.de, google.de, gmx.de). Erst dann folgten mit einigem Abstand soziale Netzwerke (wie facebook.de, twitter.de) und Internetseiten der Parteien (wie spd.de oder cdu.de).

Die im Internet genutzten Informationsquellen sind also vielfach die Online-Ausgaben herkömmlicher Massenmedien. Auch wenn diese Informationsquellen aktiv aufgerufen werden müssen, werden ihre Inhalte doch im Wesentlichen passiv rezipiert. Das sollte man im Blick behalten bei den Angaben zur Internetnutzung. Die interaktiven und kollaborativen Möglichkeiten, die an den neuen Medien so gelobt werden, nutzt bisher erst eine Minderheit der deutschen Wähler. Das zeigen auch die in Kapitel 2 mitgeteilten Umfrage-Ergebnisse (vgl. Abbildung 4). Es sind bisher erst die jüngeren Wähler, die sich in nennenswertem Umfang den neuen Medien zuwenden.

## Beginn und Ende der Ära minimaler Medieneffekte

»Kommunikation ist unwahrscheinlich« lautet ein gern zitierter Satz des Soziologen Niklas Luhmann. Er begründet das damit, dass gelingende Kommunikation mehrere Stufen der Selektion überwinden muss. Geschieht das nicht, findet Kommunikation nicht statt. Dass die Wähler Informationsquellen nutzen und als hilfreich ansehen, ist zwar eine Voraussetzung für gelingende Kommunikation. Sie sagt aber noch wenig darüber aus, ob und welche *Inhalte* die Wähler verarbeiten und wie sie darauf reagieren.

Bei jedem Kommunikationsvorgang – im persönlichen Gespräch wie auch bei der Mediennutzung – werden immer nur einige Mitteilungsinhalte wahrgenommen und verarbeitet, die meisten aber negiert. Daher mutet das Ergebnis oft enttäuschend an, wenn der Informationsgewinn bei der Nutzung von politischen Medienangeboten genauer untersucht wird. So können die Zuschauer einer typischen Nachrichtensendung im Fernsehen von den Meldungen hinterher nur zwei oder drei erinnern. Wenn sie im Experiment mehrere politische Fernseh-, Radio- und Presseberichte präsentiert bekommen, können sie einen Tag später im Durchschnitt noch 15 Prozent der inhaltlichen Elemente (Sachverhalte, Handlungen, Personen) wiedergeben.

Das selektive Verhalten der Wähler und die Folgen für das Wahlverhalten haben zum ersten Mal Paul F. Lazarsfeld und seine Mitarbeiter in einer berühmten Studie zur amerikanischen Präsidentenwahl 1940 beschrieben.[8] Die Forscher gin-

---

8    Vgl. Anmerkung 4.

gen zunächst davon aus, dass die Wähler leicht manipulierbar seien. Diese Annahme war damals weit verbreitet. Sie wurde genährt durch den Siegeszug der damals neuen Medien Film und Radio. Dafür sprach auch der Medieneinsatz der Nationalsozialisten und der Alliierten im Zweiten Weltkrieg für politische Propaganda und für die psychologische Kriegsführung.

Zu ihrer Überraschung mussten die Forscher feststellen, dass die meisten Wähler von der Wahlkampagne der beiden Kandidaten Franklin D. Roosevelt und Wendell Willkie unbeeindruckt blieben. Der größte Effekt des Wahlkampfs war ein »Null-Effekt«. Die meisten Wähler hatten am Ende der Kampagne die gleiche Wahlabsicht wie am Beginn. Sie waren in ihrer anfänglichen Überzeugung nur noch bestätigt oder bestärkt worden. Die Forscher kamen zu dem Schluss, dass der Wahlkampf in erster Linie einen Verstärkungseffekt hat. Sie erklärten das mit dem selektiven Kommunikationsverhalten der Wähler und konnten das mit ihren Daten gut belegen. Sie konnten zeigen, dass die Wähler hauptsächlich solche Kampagnenbotschaften wahrnahmen, die ihrer schon vorhandenen Überzeugung entsprachen.

Die daraus abgeleitete *These minimaler Medieneffekte* prägte lange Zeit die populären Vorstellungen von der Wirkung der Massenmedien. Und auch die Wahlforschung war davon zunächst so beeindruckt, dass sie sich um die Rolle der Medien kaum noch kümmerte. Bei der Erklärung von Wahlentscheidungen beschränkte sie sich auf andere Faktoren, vor allem auf die Parteiidentifikation der Wähler, auf ihr Urteil über Kandidaten und über politische Themen. Daraus entwickelten amerikanische Forscher um 1960 ein Erklärungsmodell der Wahlentscheidung, das in seinen Grundzügen in der Politikwissenschaft noch immer gilt. Es ist ein Modell, in dem die Medien nicht vorkommen. Erst in letzter Zeit gibt es Vorschläge, die Wahlkommunikation in das Modell einzubeziehen, wie es das Beispiel in Abbildung 11 zeigt.

**Abb. 11**   Ein Modell der Wahlentscheidung

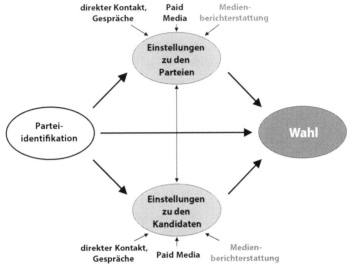

Quelle: Frank Brettschneider, Wahlkampf: Funktionen, Instrumente und Wirkungen. In: Der Bürger im Staat 63 (2013), S. 194

Erst als der Medienwandel eine Prämisse der These minimaler Medieneffekte in Frage stellte, wurde ihre Gültigkeit mehr und mehr angezweifelt. Der Siegeszug des Fernsehens schien die selektive Mediennutzung, die Voraussetzung des Verstärkungseffekts, auszuhebeln. Das Fernsehen wurde in Westdeutschland in den 1960er Jahren – in den USA und einigen anderen Ländern schon etwas früher – zum meistgenutzten Medium und zur wichtigsten Informationsquelle der Wähler. Offenbar endete damit die Ära minimaler Medieneffekte, und zwar aus mehreren Gründen.

Der erste Grund ist die große Attraktivität des Fernsehens in nahezu allen Bevölkerungsgruppen. Fernsehen ist unterhaltsam und mitunter spannend, vertreibt die Langeweile und bietet viele Anregungen. Es erreicht mit seinen politischen Sendungen auch die unpolitischen Wähler. Außerdem schränkt die zeitlich-lineare Programmdarbietung die Selektionsmöglichkeiten der Zuschauer ein. Das Fernsehen ist ein *Push-Medium,* d. h. der Informationsfluss wird vom Medium gesteuert. Es kann die Zuschauer leicht überrumpeln, weil sie, während sie das Programm verfolgen, auch mal mit Inhalten konfrontiert werden, die ihren Überzeugungen widersprechen. Das Fernsehen nimmt sie gefangen. Wissenschaftliche Beobachter bezeichnen das als *trap effect.*

Zweitens liefert das Fernsehen – wie auch andere Massenmedien – Wirklichkeit aus zweiter Hand. Für die Bürger ist es oft die einzige verfügbare Quelle, um sich über politische Ereignisse und Aktivitäten zu informieren. Eine Beobachtung mit eigenen Augen ist nur in seltenen Fällen möglich. Das gilt für die internationale Politik, überwiegend auch für Politik auf Bundes- und Landesebene. Es gilt ebenso für viele Wahlkampfaktivitäten. Direkt beobachten können die Wähler allenfalls einen Teil, etwa die Info-Stände in der Fußgängerzone oder mal einen Direktkandidaten vor dem Werkstor. Kundgebungen, Parteitage und die Auftritte der Politprominenz erleben die meisten nur medienvermittelt. Was die Wähler vom Wahlkampf wahrnehmen und wissen, ist meist medienabhängig.

Die Medienabhängigkeit der Wähler ist dann besonders groß, wenn die Inhalte der Medien weitgehend übereinstimmen, »konsonant« sind. Das ist auch deshalb der Fall, weil sich die Medien an denselben Nachrichtenwerten orientieren und an denselben Quellen. So verwenden praktisch alle Medien in Deutschland für ihren Politikteil die Deutsche Presse-Agentur. Außerdem beobachten die Journalisten sehr aufmerksam, was ihre Kollegen in anderen Medien schreiben und senden, beachten auch dieselben Nachrichtenportale und Blogs im Internet. Diese Kollegenorientierung führt dazu, dass alle aktuellen Medien oft über dieselben politischen Themen berichten.

Der dritte Grund ist, dass die Wähler durch ihr eigenes Kommunikationsverhalten immer medienabhängiger wurden. Um 1970 nutzten die Bundesbürger die Massenmedien durchschnittlich rund dreieinhalb Stunden pro Tag. Inzwischen liegt dieser Wert bei rund neun Stunden täglich. Zwar ist davon nur der kleinere Teil politische Information, der größere Teil mediale Unterhaltung und Zerstreuung. Gleichwohl widmen viele Menschen dem Fernsehen, Radiohören, Zeitunglesen und der Internetnutzung den größten Teil ihres täglichen Zeitbudgets.

## Dependenztheorien der Medienwirkung

Vor dem Hintergrund zunehmender Medienabhängigkeit der Wähler schien die Annahme minimaler Medieneffekte nicht mehr haltbar zu sein. Tatsächlich brachten seit den 1960er Jahren auch mehr und mehr empirische Studien Hinweise auf politische Medieneinflüsse. Das wurde durch Theorien begünstigt, die das Kommunikationsverhalten aus einer neuen Perspektive betrachteten.

Zuvor war der Blick meist auf die *Einstellungen* der Wähler gerichtet, auf ihre Einstellung zu Parteien, zu Kandidaten, zu politischen Themen und Problemen. Einstellung wird in diesem Zusammenhang als ein sozialpsychologisches Konzept verstanden, das eine bestimmte Verhaltensbereitschaft meint. Die Verhaltensbereitschaft der Wähler in der Wahlsituation hängt vor allem von ihrer Bewertung der Parteien und Kandidaten ab. In anspruchsvollen wissenschaftlichen Studien wird die Einstellung mit umfangreichen Fragenbatterien gemessen. Die üblichen Wahlumfragen begnügen sich meist mit einfachen Instrumenten, die beispielsweise die Intensität der Neigung zu einer Partei ermitteln oder für einzelne Kandidaten den Grad der Zustimmung bzw. Ablehnung (etwa auf einer Skala von minus fünf bis plus fünf).

In der Perspektive der Einstellungsforschung bestimmen unter anderem Wertorientierungen und ideologische Überzeugungen, Gruppenbindungen und Personenmerkmale der Wähler ihre Haltungen zu den Parteien und Kandidaten. Die Einstellungen manifestieren sich dann in der Wahlentscheidung. Diese Sichtweise unterstellt, dass der Wahlentscheidung eine Einstellungsbildung vorausgeht. Effekte des Wahlkampfs werden dementsprechend gemessen an der Ausprägung politischer Einstellungen und deren Änderung im Verlauf der Kampagne.

Unter dem Eindruck der Medienentwicklung veränderte die Forschung ihre Blickrichtung. Die *Vorstellungen* der Wähler rückten stärker in den Vordergrund, beeinflusst übrigens von einer theoretischen Umorientierung in der Psychologie, der sogenannten *kognitiven Wende*. Nun richtet sich der Blick auf die kognitiven Voraussetzungen der Einstellungsbildung und Wahlentscheidung. Als *kognitiv* wird bezeichnet, was die Wähler wissen, was sie für wahr und für wichtig halten, z.B. hinsichtlich der aktuellen politischen Probleme, der Wahlkampfaktivitäten der Parteien und der Eigenschaften ihrer Kandidaten. Damit geraten auch die Medien stärker in den Fokus der Forschung und das von den Medien vermittelte Wissen. Denn sie sind die wichtigste und oft die einzige Quelle, anhand derer die Wähler eine Vorstellung gewinnen können von den Programmen der verschiedenen Parteien und den politischen Fähigkeiten ihrer Kandidaten.

Den Bezug auf Kognitionen und auf die Medienabhängigkeit der Wähler haben verschiedene Dependenztheorien gemeinsam. Sie kommen um 1970 auf, zum Teil anknüpfend an Vorläufer in früheren Jahren. Die neue Sichtweise lässt sich gut an der Kultivierungsthese verdeutlichen. Kultivierung (im amerikanischen Original *cultivation*) heißt in dem Zusammenhang: heranziehen, entwickeln, prägen. Bezogen auf Medien lautet die These: Das Fernsehen kultiviert die Weltsicht der Zuschauer, es prägt ihre Vorstellungen von der Wirklichkeit.

Empirische Belege dafür liefern Befragungen von amerikanischen Fernseh-Vielsehern. Deren Vorstellungen von sozialen Tatsachen wie z. B. vom Risiko, Opfer eines Verbrechens zu werden, sind umso unrealistischer, je mehr Zeit sie vor dem Bildschirm verbringen. Ihre Vorstellungen stimmen weniger mit den realen Verhältnissen überein als vielmehr mit den Risiken in der Fernsehwirklichkeit. Erklärt wird das damit, dass im kommerziellen amerikanischen Fernsehen die Zuschauer einer hohen Dosis an Gewalt und Kriminalität ausgesetzt sind.

Ein anderes Beispiel für die Neuorientierung ist das Agenda-Setting-Modell. Es spielt in der empirischen Wahlforschung eine prominente Rolle. Einer der Autoren, der die neue Sichtweise propagierte, drückt es so aus: Die Massenmedien sind erfolgreicher darin, den Menschen zu vermitteln, *worüber* sie nachzudenken haben, als darin, ihnen vorzugeben, *was* sie denken sollen. Die Agenda-Setting-Forschung konzentriert sich folglich darauf, woran die Wähler im Wahlkampf denken, und vergleicht das mit dem, worüber die Medien berichten. Sie untersucht, welche politischen Themen und Probleme die Medien und die Wähler für wichtig und dringlich halten.

Dabei geht es meist darum, Agenda-Setting-Effekte nachzuweisen. Gemessen wird das daran, ob die Wähler Probleme für besonders wichtig halten, die auf der Themenagenda der Medien ganz oben stehen, d. h. von den Medien besonders stark beachtet werden. Untersucht wird aber auch, ob die Medien die Themenagenda der Parteien wiedergeben und ob die Medien oder die Parteien erfolgreicher sind, die Wähleragenda zu beeinflussen.

Welche Probleme die Bevölkerung für wichtig hält, wird seit Jahrzehnten mit Umfragen ermittelt, zum Beispiel von der

**Abb. 12**  Wichtige Probleme in Deutschland (Ausschnitt)

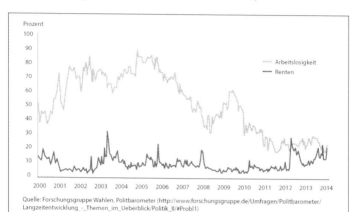

Quelle: Forschungsgruppe Wahlen, Politbarometer (http://www.forschungsgruppe.de/Umfragen/Politbarometer/Langzeitentwicklung_-_Themen_im_Ueberblick/Politik_II/#Probl1)

Forschungsgruppe Wahlen für das ZDF (vgl. Abbildung 12). Aus den Kurvenverläufen kann man allerdings nicht direkt auf Medienwirkungen schließen. Ob z. B. die Spitzen im Kurvenverlauf für das Thema Renten (in den Jahren 2003, 2006, 2008 und 2012–2014) mit der Medienberichterstattung in Verbindung stehen oder durch sie verursacht wurden, kann man allenfalls vermuten. Wirklich nachweisen lassen sich Medieneffekte nur mit speziellen Kausalanalysen auf der Grundlage von mehrfachen Befragungen derselben Personen, mit sogenannten *Panel-Studien.* Wenn dabei auch die Medienkontakte der Befragten detailliert ermittelt und mit Analysen von Medieninhalten verglichen werden, ist ein Nachweis von Effekten möglich. Inzwischen gehören solche Untersuchungen mehr und mehr zum Standard der Wahlforschung.

Das Agenda-Setting-Modell wurde seit seiner ersten empirischen Überprüfung bei der amerikanischen Präsidentschaftswahl 1968 auf mehrfache Weise ergänzt und erweitert. Zu den wichtigsten Ergänzungen gehört ein Konzept, das

auch in der deutschsprachigen Literatur meist mit dem englischen Ausdruck *Framing* bezeichnet wird. Wörtlich übersetzt
heißt das »Rahmung«. Gemeint ist damit, dass ein Thema in
einem bestimmten Ausschnitt, in einem bestimmten Blickwinkel betrachtet bzw. von den Medien behandelt wird. Ein
Framing-Effekt tritt dann ein, wenn die spezifische Sichtweise
der Medien die Vorstellungen der Wähler prägt.

Ein anschauliches Beispiel dafür lieferte der Bundestagswahlkampf 2005. Die Kampagne der CDU/CSU lancierte damals als ein Kernthema die Vereinfachung des Steuersystems.
Sie gewann als Experten für ihr Wahlkampfteam den Heidel-
berger Professor Paul Kirchhof, der einen einheitlichen Steu-
ersatz für alle Einkommen vorschlug. Das Medien-Framing
konzentrierte sich dann allerdings nicht, wie erhofft, auf die
vorteilhafte *Vereinfachung* der Steuern, sondern auf mögliche *Erhöhungen* der Steuer. Das propagierte Steuerkonzept
sah eine leichte Erhöhung der Mehrwertsteuer vor, um Ein-
nahmeausfälle durch die Vereinfachung auszugleichen. Die
SPD beförderte mit ihrer Kampagne geschickt das Medien-
Framing, indem sie den Vorschlag als »Merkelsteuer« diffa-
mierte. Das hatte Folgen für die Vorstellungen der Wähler von
den Steuerplänen der CDU/CSU. Sie erwarteten eher eine Erhöhung als eine Vereinfachung der Steuern. Das Framing der
Wahlkommunikation beeinflusste ihr kognitives Framing.

Wie ein Themen-Framing auf die Wähler wirkt, erklärt das
*Priming-Konzept.* Es stammt ursprünglich aus der Wahrneh-
mungspsychologie und bezeichnet dort eine für Menschen
typische Reaktion bei der Informationsverarbeitung. Sie besteht darin, dass ein wahrgenommener Reiz – z. B. ein Wort
oder ein Bild – einen bestimmten Gedächtnisinhalt aktiviert.
Durch diesen Reiz erinnert man sich an ein früheres Ereignis
oder eine frühere Mitteilung. Dabei wird am ehesten ein Inhalt aktiviert, der besonders leicht verfügbar ist. Leicht verfügbar sind für viele Menschen bildliche Erinnerungen, besonders wenn es sich um eindrucksvolle Fernsehbilder handelt.

Daher erinnern sich viele Menschen an Fernsehbilder, wenn sie nach ihrem Urteil über einen Politiker gefragt werden oder wenn sie eine Wahlentscheidung treffen.

Ein Priming-Effekt kann beispielsweise dann eintreten, wenn die Wahlentscheidung durch ein bestimmtes Thema beeinflusst wird, das den Wählern infolge des medialen Agenda-Settings und eines bestimmten Medien-Framings besonders präsent ist. Das kann dann die Stimmabgabe für eine bestimmte Partei beeinflussen. Der Priming-Effekt kann auch das Kandidaten-Urteil betreffen. Eine Untersuchung anlässlich der Bundestagswahl 2005 illustriert das. Wie Medienanalysen zeigten, behandelten während des Wahlkampfs die öffentlich-rechtlichen Fernsehsender ARD und ZDF häufiger die professionelle Kompetenz der Kandidaten. Die Betonung dieser Aspekte führte zu einem Priming-Effekt, von dem besonders Angela Merkel profitierte. Katrin Prinzen, die Autorin der Studie, beschreibt diesen Effekt so: »Je häufiger CDU/CSU-Wähler politische Sendungen der öffentlich-rechtlichen Programme rezipierten (in denen laut Medieninhaltsanalysen die professionellen Kandidateneigenschaften hervorgehoben wurden), desto mehr wurde ihre Einstellung zu Merkels professionellen Eigenschaften aktiviert.«[9] Damit erhielten diese Eigenschaften ein höheres Gewicht bei der Entscheidung der Unionswähler.

An diesem Beispiel wird deutlich, dass zwar für viele Wirkungstheorien die Vorstellungen der Wähler zentral sind, dass aber auch das Einstellungskonzept noch eine Rolle spielt. Meist wird unterstellt, dass sich Vorstellungen, die von den Medien geprägt werden, auf die Bildung von Einstellungen oder von Meinungen auswirken. Es gibt auch Untersuchungen, die eine solche Beziehung empirisch nachweisen. Und es

---

9  Katrin Prinzen: Politische Kommunikation, Priming und Wahlverhalten. Eine empirische Analyse der Bundestagswahl 2005. In: Politische Vierteljahresschrift 51 (2010), S. 492

gibt ein theoretisches Modell, das eine interessante Wechsel-
wirkung zwischen beiden Konzepten annimmt, das Modell
der Schweigespirale.

In dem Modell geht es um Vorstellungen vom politischen
Meinungsklima. Gemeint ist mit Meinungsklima, dass die
Wähler mehrheitlich eine bestimmte Vorstellung davon haben, welche Meinungen in der Gesellschaft vorherrschen.
Eine Vorstellung vom Meinungsklima bilden sich die Wähler unter anderem daran, was sie in den Medien wahrnehmen.
Mitunter erwecken die Medien »konsonant« den Eindruck,
dass eine bestimmte Partei auf der Siegerstraße ist, obwohl
das nicht den Tatsachen entspricht. In einem solchen Fall bekommen die Wähler eine falsche Vorstellung vom Meinungsklima, und dann kann ein Schweigespiralen-Effekt eintreten.

Der Grund dafür ist der Konformitätsdruck, den das vor-
gespiegelte Meinungsklima erzeugt. Viele Wähler, die tatsächlich mit ihrer Meinung zur Mehrheit gehören, glauben fälsch-
licherweise, dass sie in der Minderheit sind. Die meisten
Menschen wollen aber nicht gern einer Minderheit angehören,
so lautet eine zusätzliche Annahme. Um soziale Isolation zu
vermeiden, halten sie sich in Gesprächen mit der Äußerung
ihrer wahren Meinung zurück. Die Anhänger der vermeint-
lichen Mehrheitsmeinung sind dagegen umso redebereiter.
Das verstärkt noch einmal den Konformitätsdruck und trägt
zu dem sich selbst verstärkenden Prozess bei, zu der »Schweigespirale«. Wenn die Wähler infolge des Konformitätsdrucks
ihre eigene Meinung der von den Medien erzeugten (falschen)
Vorstellung vom Meinungsklima angleichen, verändert das
schließlich die reale Meinungsverteilung. Und das kann sich
auch auf die realen Siegchancen der Parteien auswirken.

Elisabeth Noelle-Neumann entwickelte das Modell der
Schweigespirale in Wahlkampfstudien der 1970er Jahre, die
sie unter dem Titel »Wahlentscheidung in der Fernsehdemokratie« veröffentlichte. Ihre theoretischen Ideen wurden
– und werden noch immer – in der internationalen Forschung

stark beachtet. Sie haben aber auch viel Kritik hervorgerufen, vor allem weil das Modell auf einer ganzen Reihe strittiger Annahmen beruht. Zum einen ist das die Annahme der Konsonanz der Medien. Damit ist gemeint, dass es in bestimmten Situationen ein weitgehend einheitliches Medienbild gibt, eine »Medienkampagne«, wie das Politiker dann nennen. Zum anderen wird bezweifelt, dass die Menschen soziale Isolation vermeiden wollen und daher schweigen, wenn sie sich in der Minderheit glauben.

Das Modell der Schweigespirale ist übrigens ein Beispiel für die politische Wirkung der Medienwirkungsforschung. Denn es bestärkte die CDU/CSU in ihrem Bemühen, den Rundfunkmarkt für private Sender zu öffnen. Damit sollte eine, wie die Unionsparteien annahmen, »linke« Konsonanz im Mediensystem unterbunden werden. Mitte der 1980er Jahre erlaubten die politischen Mehrheitsverhältnisse die Realisierung dieser Pläne. Das Monopol öffentlich-rechtlicher Sender endete. Seitdem bieten private Sender – neben den öffentlich-rechtlichen – ein immer vielfältigeres Programm. Noch mehr Vielfalt gibt es, seitdem die Programme über Kabel und Satellit verbreitet werden. Zusätzlich ermöglicht die Fernbedienung, die inzwischen zur Ausstattung jedes Fernsehgeräts gehört, eine mühelose Auswahl aus der Programmvielfalt.

## Selektions- und Wirkungsbedingungen

Die dependenztheoretischen Erklärungen für Medienwirkungen beruhen auf der Annahme weitgehender Medienabhängigkeit in der »Fernsehdemokratie«. Aber im Lauf der Zeit veränderte der Medienwandel die Bedingungen, auf denen diese Annahme beruht. Zweifel wuchsen zudem an anderen Elementen dependenztheoretischer Modelle, so an ihrer medienzentrierten Perspektive und ihrer Fixierung auf »Selektion negativ«.

Selektion ist fast immer zugleich eine negative und eine positive Aktivität, zugleich Abwendung und Zuwendung. Wenn Wähler den Kontakt mit einer Partei – z. B. deren Wahlwerbung – vermeiden, schließt das nicht aus, dass sie die Aktivitäten einer anderen Partei wahrnehmen oder sie sogar gezielt suchen. Zudem wählen sie ihre Informationsquellen nicht nur selektiv aus. Sie verarbeiten auch die einmal ausgewählten Inhalte selektiv und reagieren darauf individuell verschieden. Selektives Verhalten muss also nicht unbedingt Wirkungen verhindern, es kann auch Wirkungschancen eröffnen.

Zur Erklärung des Selektionsverhaltens, speziell auch der aktiven, gezielten Zuwendung zu Medien und Kommunikationsinhalten, bietet die Forschung verschiedene Gratifikationsmodelle an. Sie beruhen auf der Annahme, dass sich Wähler – und Nutzer allgemein – solchen Medien und Kommunikationsinhalten zuwenden, die ihnen einen Nutzen oder eine Belohnung bieten. Ein frühes Beispiel dafür ist eine Pionierstudie von Herta Herzog aus den 1940er Jahren, die der Frage nachging, warum »Seifenopern« – triviale Radioserien – so großen Anklang bei amerikanischen Hausfrauen fanden.[10] Als Erklärung kam heraus, dass die Radioserien den Hörerinnen emotionale Entlastung bieten und Vorbilder für die Bewältigung ihrer eigenen Probleme. Als das Fernsehen aufkam, diente der Nutzen- und Belohnungsansatz dann auch zur Erklärung des Zuschauerverhaltens. Manchen galt das als Alternative zur Wirkungsforschung, deren Ergebnisse bis dahin oft als enttäuschend angesehen wurden. Tatsächlich sind aber Wirkungsforschung und Gratifikationsforschung keine Alternativen. Sie ergänzen sich vielmehr.

Die Gratifikationen, die Medien und Kommunikationsinhalte bieten, bestehen darin, dass sie die Bedürfnisse und

---

10 Herta Herzog: On borrowed experience. An analysis of listening to daytime sketches. In: Zeitschrift für Sozialforschung – Studies in Philosophy and Social Science 9 (1941), S. 65–95

Interessen der Nutzer befriedigen, zum Beispiel das Bedürfnis nach Unterhaltung, Entspannung, emotionaler Erregung, nach persönlicher Identität und Selbstfindung oder nach sozialer Teilhabe und Interaktion. Ein weiteres, ganz elementares Bedürfnis ist das nach Orientierung in der näheren und weiteren Umgebung, nach Anhaltspunkten in einer bestimmten Situation oder vor einer Entscheidung. Das Orientierungsbedürfnis wird durch Information befriedigt, und zwar durch politische Information, wenn es um politische Orientierung geht, etwa vor einer Wahlentscheidung.

Das Orientierungsbedürfnis der Wähler hängt von einer Reihe von Bedingungen ab und steuert damit ihr Kommunikationsverhalten. Es steuert die Auswahl von Medien und politischen Inhalten, entscheidet über die Verarbeitung der Inhalte und über nachfolgende Reaktionen, also letztlich über deren Wirkung. Eine Bedingung ist der soziale Kontext der Wähler. Zu den wichtigsten Kontextbedingungen gehört das persönliche Umfeld, gehören Familie, Freunde und Kollegen. Das persönliche Umfeld bedingt oder modifiziert Medieneffekte auf mehrfache Weise.

Erstens können die politischen Vorstellungen und Einstellungen, die im persönlichen Umfeld vorherrschen und die über Gespräche und Diskussionen vermittelt werden, gegenüber Medienwirkungen immunisieren. Zweitens beeinflussen sie das Mediennutzungsverhalten, begünstigen oder verhindern bestimmte Selektionen. Und drittens transportieren sie oft Kommunikationsinhalte der Medien und der Kampagne, geben sie an andere im sozialen Umfeld weiter. Kampagnenkommunikation wirkt daher auch indirekt über persönliche Gespräche, in einem *Zwei-Stufen-Fluss.*

Aus dem zu Beginn dieses Kapitels mitgeteilten Umfrageergebnis wird deutlich, wie wichtig der persönliche Einfluss durch Gespräche vor allem für jüngere Wähler als Informationsquelle im Wahlkampf ist (vgl. Abbildung 10). Der persönliche Einfluss kann den Einfluss der Medien vermitteln und verstärken. Er kann aber auch den Einfluss der Medien blockieren oder verändern. Das ist dann der Fall, wenn Meinungsführer wahlrelevante Medieninhalte selektiv wahrnehmen, eigensinnig interpretieren, die in den Medien verbreiteten Inhalte umdeuten. Durch das Internet und die sozialen Netzwerke ist dieser Fall wahrscheinlicher geworden. Denn Aktivitäten in den neuen Medien können den persönlichen Einfluss einzelner, gut vernetzter Meinungsführer erheblich steigern. Meinungsführer sind nicht nur in ihren persönlichen Kontakten besonders aktiv und einflussreich, sondern auch im Internet und in sozialen Netzwerken.

Eine andere wichtige Kontextbedingung ist die aktuelle politische Situation, die den Hintergrund der Kampagne bildet. Wie Wähler auf die Kampagnenkommunikation reagieren, hängt von einer Vielzahl situativer Bedingungen ab: Wie die allgemeine wirtschaftliche Lage ist, wie die persönliche wirtschaftliche Lage der Wähler und wie ihre Zukunftserwartungen sind; ob es drängende Probleme gibt wie z. B. Arbeitslosigkeit oder Bedrohungen der inneren Sicherheit; ob plötzliche Krisen oder Katastrophen den Wahlkampf überschatten. Entsprechend der aktuellen Ereignis- und Problemlage variiert zum einen die Themenagenda der Medien, zum anderen ihr Agenda-Setting. Das hat zur Folge, dass beispielsweise auch Framing-Effekte ganz unterschiedlich ausfallen können, je nachdem, ob die Wähler ein Thema für besonders wichtig halten oder für weniger wichtig.

Eine 2009 veröffentlichte Studie zu Framing-Effekten illustriert das. Die Autoren geben zunächst einen Überblick über eine Reihe von Vorläuferstudien zu den Bedingungen, von denen Framing-Effekte abhängen. Es stellt sich heraus, dass es zu der Frage, welche Rolle die Wichtigkeit eines Themas spielt, noch keine Erkenntnisse gibt. Dieser Frage gehen sie daher mit ihrer eigenen Untersuchung nach und kommen zu dem Ergebnis, dass Framing-Effekte tatsächlich je nach Wichtigkeit des Themas unterschiedlich ausfallen. Nur bei *unwich-*

*tigen* Themen stellen sie starke Effekte fest, bei wichtigen Themen gibt es dagegen keine Framing-Effekte.[11]

Neben situativen Bedingungen sind es vor allem die persönlichen Eigenschaften der Wähler, die ihre Reaktion auf Wahlkommunikation bestimmen. Sie steuern zum einen die Selektion von Medien und Inhalten, entscheiden über Zuwendung und Ablehnung. Zum anderen sind sie für die Informationsverarbeitung auschlaggebend und für die daraus resultierenden Vorstellungen und Wahlentscheidungen. Die Wahlforschung betrachtet die Wähler allerdings in der Regel nicht als Individuen mit ihrer je eigenen Persönlichkeit. Der Blick richtet sich vielmehr auf Wählertypen, auf Gruppen und Milieus, die durch übereinstimmende oder ähnliche Merkmale charakterisiert sind. Dabei hat das Marketing-Prinzip der Segmentierung anregend gewirkt.

Als Merkmale zur Unterscheidung – bzw. zur Segmentierung – von Wählergruppen bieten sich ihre persönlichen Eigenschaften an. In der Forschung ist meist von sozialstrukturellen Merkmalen die Rede, wenn es um Eigenschaften geht wie zum Beispiel Religiosität oder Konfession, Bildungsniveau und soziale Schicht, Wohnregion und Wohnortgröße. Die Bedeutung solcher Merkmale erkannte bereits die Lazarsfeld-Gruppe in den 1940er Jahren. Ein damals überraschendes Ergebnis ihrer Untersuchungen war, dass sozialstrukturelle Merkmale für Wahlentscheidungen eine weit größere Bedeutung haben als die Kampagnenkommunikation. Außerdem stellten die Forscher fest, dass diese Merkmale selektive Mediennutzung steuern, Umstimmungseffekte verhindern und Verstärkungseffekte begünstigen. In ihrer Studie »The People's Choice« spielt das eine zentrale Rolle.

Es gibt einen einfachen Grund dafür, dass sozialstruktu-

---

11 Sophie Lecheler, Claes H. De Vreese und Rune Slothuus: Issue importance as a moderator of framing effects. In: Communication Research 36 (2009), S. 400–425

relle Merkmale das Wahlverhalten bestimmen – und damit bis zu einem gewissen Grad auch prognostizierbar machen. Mit Merkmalen wie Religions- und Schichtzugehörigkeit verbinden sich jeweils spezielle Interessen und Interessengegensätze. Die Parteien gehen mit ihren Programmen darauf ein und vertreten diese Interessen, um so bestimmte Wählergruppen zu gewinnen. Augenfällig ist das etwa bei Parteien, die ein »C« für »christlich« im Namen tragen oder die sich als »Arbeiterpartei« bezeichnen, oder bei Ein-Themen-Parteien, wie es ursprünglich Die Grünen waren.

Neben den sozialstrukturellen Merkmalen gerieten früh auch psychologische Merkmale und politische Einstellungen der Wähler ins Blickfeld der Forschung. Zusammenfassend werden sie auch als *Dispositionen* bezeichnet. Vor allem ideologische und parteipolitische Überzeugungen gehören dazu, die beispielsweise als konservativ, liberal und fortschrittlich oder als »links« und »rechts« bezeichnet werden. Sie haben einen mehr oder weniger engen Bezug zu grundlegenden gesellschaftlichen Werten wie Freiheit, Sicherheit, Solidarität. Dispositionen bestimmen die Verhaltensbereitschaft der Wähler, wie oben schon für Einstellungen erläutert. Sie beeinflussen ihr Kommunikationsverhalten und ihr Wahlverhalten, wobei sie Medienwirkungen verstärken, verändern oder auch verhindern können.

Zu den Dispositionen mit besonders großer Bedeutung für das Kommunikationsverhalten gehört das politische Interesse der Wähler. Ist es stark ausgeprägt, führt es zu intensiver Nutzung politischer Information. Ist es schwach oder gar nicht vorhanden, werden politische Mitteilungen nur sporadisch oder gar nicht wahrgenommen. In empirischen Untersuchungen erweist sich das politische Interesse der Wähler immer als ein starker Faktor, der die Beachtung von Wahlkommunikation bedingt, wie Abbildung 2 im 3. Kapitel illustriert.

Die verschiedenen Kontextbedingungen, sozialstrukturellen Merkmale und Dispositionen der Wähler entscheiden auch über ihre Verarbeitung politischer Information. In theoretischen Modellen der Informationsverarbeitung spielt meist das politische *Involvement* der Wähler eine zentrale Rolle. Involvement kann man in diesem Zusammenhang umschreiben mit Interesse, Engagement und Ich-Beteiligung (im Deutschen bedeutet das Verb »involvieren« laut Duden: einschließen; in etwas verwickeln). Je nach dem Grad ihres Involvements verarbeiten die Wähler politische Information unterschiedlich.

Dabei kann man, grob vereinfacht, zwei Typen unterscheiden, die verschiedene Strategien der Informationsverarbeitung bevorzugen. Der eine, mit einem hohen Involvement, einem ausgeprägten Interesse an Politik, oft auch viel Vorwissen, wendet sich politischen Inhalten aktiv zu und verarbeitet sie systematisch auf einer »zentralen Route«, d.h. mit einer gewissen gedanklichen Anstrengung, konzentriert und unter Anwendung seines vorhandenen Wissens. Dieser Typ hat dann auch einen Informationsgewinn, entwickelt differenzierte Vorstellungen und wohlüberlegte Überzeugungen.

Der andere Typ verarbeitet politische Information auf einer »peripheren Route«, mit geringem Involvement und kaum Vorwissen. Politische Inhalte werden dann eher zufällig aufgenommen und *heuristisch* verarbeitet, d.h. stark vereinfacht und mit Hilfe schlichter Faustregeln. Oberflächliche Reize steuern in diesem Fall die Wahrnehmung, wie zum Beispiel plakative Bilder, die Prominenz von Personen, emotionale Appelle. Diese sind für den Inhalt der politischen Mitteilungen nicht immer relevant. Die Orientierung an irrelevanten Reizen kann zwar zu beiläufiger Politiknutzung und zu Überrumpelungseffekten führen. Daraus resultieren jedoch nur oberflächliches Wissen und wenig verankerte Vorstellungen.

Dieses Modell, das in der wissenschaftlichen Literatur »ELM« genannt wird (abgekürzt von *elaboration likelyhood model*), bietet eine einfache, auf zwei Extreme reduzierte Erklärung unterschiedlicher Strategien der Informationsverarbeitung. Tatsächlich gibt es Mischformen und Abstufungen zwischen den Extremen, auch unterschiedliche Strategien bei der Verarbeitung verschiedener Medien und Inhalte. Auf diese Weise kommt es zu einer weiteren Differenzierung möglicher Medieneinflüsse. Denn das Ergebnis verschiedener Verarbeitungsstile sind individuell spezifische Vorstellungen und Einstellungen mit unterschiedlichen Folgen für die Wahlentscheidung.

### *Exkurs zur Wirkung der Wahlwerbung*

Auch auf den Einfluss von Wahlwerbung kann man die hier dargestellten Theorien anwenden. Da die Massenmedien zugleich Werbeträger sind, gelten die Art und Weise ihrer Beachtung und Nutzung, ihr Informationsnutzen und der Informationsgewinn der Wähler zumindest teilweise auch für die in den Medien geschaltete Werbung. Allerdings gibt es einige Besonderheiten der Wahlwerbung, die spezifische Wirkungsbedingungen zur Folge haben. Dazu gehört vor allem, dass viele Wähler die Wahlwerbung für wenig glaubwürdig halten.

Dass Werbung wirkt, davon gehen die Parteien aus, wenn sie Wahlwerbung in den Medien schalten und Werbemedien wie Plakate einsetzen. Darin sind sich politische Parteien übrigens mit Wirtschaftsunternehmen einig. Die Überzeugung von der Wirksamkeit der Werbung rechtfertigt die exorbitanten finanziellen Investitionen in Wahlwerbung wie in Wirtschaftswerbung. Mit Sicherheit kann man daher zwei Nebenwirkungen von Werbung voraussagen. Zum einen sorgt sie für die Prosperität der Werbewirtschaft und der vielen Agenturen, die Jobs und Einkommen für eine Vielzahl von Beschäftigten bieten. Agenturen spielen eine immer wichtigere Rolle bei der Konzeption, Planung und Durchführung professioneller Kampagnen. Zum anderen ist die Werbung für viele Medien eine unverzichtbare Einnahmequelle. Und damit fi-

nanziert die Werbung mittelbar auch die politischen Funktionen der Medien als politisches Forum, Sprachrohr und Einflussinstrument der Parteien und als Informationsquelle der
Wähler.

Meist trägt die Wahlwerbung auch zur Mobilisierung der
Wähler bei, wenn ein so hoher Werbedruck erzeugt wird, wie
das bei vielen Wahlkampagnen inzwischen üblich ist. Die
Plakate und Anzeigen, das Info-Material und die Werbespots
werden dann von sehr vielen Wählern beachtet und weisen sie
auf die bevorstehende Wahl hin. Die Wirkung von Wahlwerbung wurde vor allem in den USA erforscht, und zwar überwiegend für Fernsehspots, das dort wichtigste Werbeformat.
Die Untersuchungen liefern Hinweise darauf, dass Fernsehwerbung Lerneffekte erzielen und Kandidaten-Images beeinflussen kann. Eine häufiger untersuchte Frage ist die Wirkung
von negativer Werbung, auch weil in den USA der Angriffswahlkampf mit teils extrem diffamierenden Spots verbreitet
ist. Die amerikanischen Ergebnisse lassen sich jedoch kaum
verallgemeinern, weil Wahlen in den USA anderen Gesetzmäßigkeiten unterliegen als Wahlen in Deutschland und in den
meisten europäischen Ländern.

Es kommt hinzu, dass die Wirkung von Fernsehspots ge-
nauso wie die Wirkung der Massenmedien von zusätzlichen
Bedingungen abhängt. Christina Holtz-Bacha schreibt dazu
in ihrem Buch über »Wahlwerbung als politische Kultur«:
»Der Erfolg des einzelnen Spots – was auch immer als Erfolg
definiert ist – wird bestimmt durch seine verbale, vor allem
aber auch seine visuelle Gestaltung, das Programmumfeld
und den Wahlkampfkontext im weitesten Sinne. Dazu gehört
nicht zuletzt der Kandidat selbst, auch die Kontrahenten, sowie die innen- und außenpolitische Ereignislage.«

Anders als für die USA gibt es für Deutschland kaum aus-
sagekräftige Studien zur Wirkung von Wahlwerbung. Eine der
wenigen methodisch anspruchsvollen Untersuchungen wurde im Kontext der Bundestagswahl 2002 an der Universität

Mainz durchgeführt. Sie stützt sich außer auf Wählerbefragungen auch auf Analysen der politischen Berichterstattung wichtiger Massenmedien. Ein zentraler und überraschender Befund der Untersuchungen ist, dass die Wahlwerbung unter Umständen einen für die Parteien ungünstigen Einfluss ausübt. So ließ sich feststellen, dass Wähler, die Werbung der großen Unionsparteien und der SPD beachtet haben, eher *nicht* dazu tendieren, diese Parteien zu wählen. [12]

Erklären lässt sich das mit der mangelnden Glaubwürdigkeit der Werbung. Ihre Glaubwürdigkeit ist vor allem dann eingeschränkt, wenn werbliche Aussagen im Widerspruch zur aktuellen Medienberichterstattung stehen. Nicole Podschuweit, die Autorin der Studie betont, dass die Wähler im Vergleich zur Wahlwerbung ein Vielfaches an Informationen aus der Medienberichterstattung zur Verfügung haben und dass sie sich mit den Medieninhalten auseinandersetzen. Wenn werbliche Aussagen dazu im Widerspruch stehen, mindert das ihre Wirkung.

Inwieweit die Ergebnisse dieser Studie verallgemeinert werden können oder für den untersuchten Wahlkampf typisch waren, ist eine offene Frage. Den Wahlkampf 2002 prägten eine Reihe von Überraschungen und zwei ungewöhnliche Ereignisse, auf die sich die Wahlwerbung kaum einstellen konnte: Die damals als » Jahrhundertflut « bezeichneten Überschwemmungen an der Oder und der drohende Irak-Krieg. Es waren wichtige situative Bedingungen für die Beachtung der Wahlkommunikation durch die Wähler und ihre Reaktionen darauf.

12 Nicole Podschuweit: Warum Wahlwerbung schaden kann. Wirkung von Parteienwerbung im Kontext der Medienberichterstattung. Konstanz 2012

## Ist Medieneinfluss planbar?

Wenn Reaktionen auf die Wahlkommunikation von der aktuellen Ereignislage und darüber hinaus von den Eigenschaften und Dispositionen der Wähler abhängen, kann man dann überhaupt noch verbindliche Aussagen über den Medieneinfluss auf die Wahl machen? Anscheinend läuft es auf die nichtssagende Feststellung hinaus: Es kommt darauf an.

Zu den Bedingungen, von denen die Selektionsentscheidungen der Wähler und ihre Reaktionen auf Medienkontakte abhängen, gibt es inzwischen eine Reihe theoretischer Erklärungen und eine Fülle empirischer Ergebnisse. Forschungsüberblicke und sogenannte Meta-Analysen, die es in wachsender Zahl auch für Gebiete der politischen Kommunikation gibt, bereiten die relevanten Studien kritisch auf und suchen nach gesicherten Befunden. Eine ähnliche Funktion haben Handbücher und Enzyklopädien. Aber die Möglichkeiten, daraus Schlüsse für die Praxis der Kampagnenplanung zu ziehen, sind begrenzt.

Der Medieneinfluss auf die Kampagne ist immer auch abhängig von der aktuellen politischen Situation, von der wirtschaftlichen Lage, von den in der politischen Öffentlichkeit und in den Medien vorherrschenden Themen und von weiteren unwägbaren Faktoren, etwa einer Wechselstimmung unter den Wählern oder dem Wunsch nach politischer Kontinuität. Nicht zuletzt spielen persönliche Erfahrungen der Wähler und ihre Gespräche in der Familie, im Freundes- und Kollegenkreis eine Rolle. Diese prägen ebenso wie die Medien und die Wahlwerbung ihre Vorstellungen z. B. von der wirtschaftlichen Situation, von Preisänderungen, von der Arbeitsplatzsicherheit. Sie können Aussagen einer Kampagne unglaubwürdig erscheinen lassen, können sie mitunter aber auch unterstützen.

Wie sich politische Ereignisse und Themen entwickeln, ist meist nicht vorhersehbar. Eine Kampagnenstrategie kann durch aktuelle Entwicklungen ausgebremst werden oder aber auch zusätzlichen Schwung bekommen. Politische Skandale und Konflikte, Krisen und Katastrophen können so viel Aufmerksamkeit der Medien und der Wähler absorbieren, dass es schwer wird, mit der Wahlkommunikation durchzudringen. Zu den situativen Unbekannten, die sich allenfalls unvollständig kontrollieren lassen, gehören auch die Kampagnenstrategien und Aktivitäten anderer Parteien. Konkurrierende Kampagnen können sich wechselseitig behindern oder auch befördern. Besonders dramatische Folgen hat in Deutschland mitunter das Stimmensplitting, das die Verteilung von Erst- und Zweitstimme auf verschiedene Parteien erlaubt. Eine erfolgreiche Zweitstimmenkampagne einer kleinen Partei kann schon mit geringfügigen Stimmenverschiebungen den Wahlerfolg einer großen Partei sichern oder zunichte machen.

Dass der Medieneinfluss auf die Wahl von wechselnden Bedingungen abhängt, ist Antrieb für die Wissenschaft, ihre Theorien jeweils neu zu überprüfen und möglichst so zu formulieren, dass sie allgemeine Gültigkeit haben. Besonders vorteilhaft sind dabei vergleichende Untersuchungen, die nach Unterschieden und Gemeinsamkeiten im Kontext verschiedener Wahlen suchen, auch im Vergleich mit anderen Ländern. Das Ergebnis einer gut angelegten Studie lautet nicht vage: Es kommt darauf an. Sie benennt vielmehr genau die Bedingungen, auf die es ankommt, und identifiziert die Faktoren, die Medieneinflüsse verhindern, begünstigen oder modifizieren.

Allerdings werden gut angelegte Wirkungsanalysen immer komplexer, weil sie immer mehr bedingende und vermittelnde Faktoren – oft auch in ihrem Zusammenwirken, in sogenannten Interaktionen höherer Ordnung – berücksichtigen. Um diese Komplexität zu bewältigen, arbeiten sie vielfach mit hochartifiziellen statistischen Verfahren. Denn oft sind zwar keine direkten Effekte auf die Gesamtheit der Wähler nachweisbar; allenfalls sind solche »Haupteffekte« minimal. Es finden sich aber durchaus Effekte in Teilgruppen oder unter bestimmten Randbedingungen. Häufig bestehen aktuelle Ergebnisse der Wirkungsforschung dann darin, die bedingenden und vermittelnden Faktoren zu bestimmen, die bekannte Wirkungsmodelle – etwa das Agenda-Setting-, das Framing- oder das Schweigespiralen-Modell – »moderieren«, d. h. einschränken oder spezifizieren. Für Außenstehende ist es dadurch zunehmend schwieriger, die Ergebnisse dieser Untersuchungen zu durchschauen und ihre praktische Relevanz einzuschätzen.

Es kommt hinzu, dass die empirischen Untersuchungen zum Medieneinfluss auf die Wahl immer Fallstudien in dem Sinn sind, dass sie sich auf eine historisch einmalige Situation beziehen. Jeder Wahlkampf ist anders, wie eingangs betont, und daher können auch die Ergebnisse, die unter den situativen Bedingungen einer Wahl ermittelt wurden, im Kontext einer anderen Wahl ganz anders aussehen. Das gilt weitgehend auch für experimentelle Studien, deren Vorteil zwar darin besteht, dass sie die Wirkung einzelner Faktoren unter kontrollierten Bedingungen untersuchen. Aber auch die Versuchspersonen reagieren unter dem Eindruck einer bestimmten politischen Situation. Zudem können besondere Merkmale der Probanden und die mehr oder weniger künstlichen Versuchsbedingungen die Gültigkeit der Ergebnisse einschränken.

Weil die Forschung diese Grenzen hat, ist Medieneinfluss auf die Wahl auch nur begrenzt planbar. Sichere Rezepte für erfolgreiches Kampagnenmanagement gibt es nicht, auch wenn manche Wahlberater das behaupten. Allerdings ist es möglich, in der Wahlkampfplanung Unsicherheiten zu reduzieren, wenn in der konkreten Situation der bevorstehenden Wahl möglichst viele Bedingungen ermittelt werden, die für die Wahlkommunikation entscheidend sind. Dann bieten wissenschaftliche Theorien und Ergebnisse nützliche Hinweise darauf, wie Kommunikationsinhalte und Medienformate am besten einzusetzen sind. Je genauer beispielsweise die anzusprechenden Wählersegmente und Wählerprofile bekannt sind, desto eher lässt sich ein Medieneinfluss prognostizieren. Besonders günstig ist die Situation dann, wenn ein möglichst umfassendes Datenprofil für eng begrenzte Wählergruppen vorliegt, zum Beispiel für einen Stimmbezirk. Dann kann man die Wahlkommunikation auf persönliche Eigenschaften, Dispositionen und situative Bedingungen der Wähler individuell zuschneiden.

Allerdings erfordert ein so fein eingestelltes *microtargeting* einen erheblichen Aufwand an finanziellen Mitteln und Personal. Wenn, wie bei Kampagnen in den USA, diese Voraussetzungen gegeben sind, können auch Wähler einzeln aufgesucht und angesprochen werden. Entsprechend ihren in der *walk list* vermerkten Eigenschaften ist eine gezielte Einflussnahme möglich (vgl. Abbildung 1 im 3. Kapitel). Dieses Vorgehen hat allerdings in Europa seine Grenzen im Schutz der Privatsphäre und dem entsprechenden Datenschutz – glücklicherweise, mag sicher mancher hinzufügen.

# 6. Fazit und offene Fragen

Während die Medien zum unverzichtbaren Bestandteil moderner Wahlkämpfe wurden, folgten die Kampagnen mehr und mehr der Medienlogik.
Diese Feststellung scheint jedoch ihre Gültigkeit in dem Maße zu verlie-
ren, in dem die Dominanz des Fernsehens als Wahlkampfmedium schwin-
det – worauf einiges hindeutet. Bringt die Medienentwicklung eine neue
Ära minimaler Medieneffekte? Oder führt sie zu mehr politischer Abstinenz und Apathie?

E s erscheint uns inzwischen als selbstverständlich, dass
Wahlkampf nicht nur auf den Straßen und Plätzen, an
Info-Ständen und mit Kundgebungen stattfindet, sondern
auch – und vor allem – in den Medien und mit Medien. Persönliche Eindrücke der Wähler von Kampagnenaktivitäten
und von den zur Wahl stehenden Kandidaten sind relativ selten. Nur die wenigsten Wähler nehmen an einer Kundgebung
teil, kommen mal mit Kandidaten oder Wahlhelfern ins Gespräch. Aber nahezu alle haben etwas *über* den Wahlkampf
im Fernsehen gesehen, im Radio gehört, in der Presse gelesen,
im Internet abgerufen, haben Werbemedien wie Plakate, Anzeigen, Fernsehspots gesehen. Ihre Wahlentscheidung stützt

sich daher teilweise oder sogar weitgehend auf Eindrücke aus den Medien.

Aus Sicht der Parteien und Kandidaten sind die Medien unverzichtbar, um die Wähler zu erreichen. Die Medien sind Diskussionsforum und Sprachrohr, Einflussinstrument und Werbeträger. Seit dem 19. Jahrhundert nahmen die Leistungsfähigkeit und der Nutzen der Medien für die Wahlkommunikation ständig zu. Einen besonders großen Entwicklungsschub brachte das Fernsehen. Es ist für die Wahlkampfakteure dank seiner authentisch wirkenden Darstellung und hohen Glaubwürdigkeit, seiner großen Reichweite und Attraktivität bei den Nutzern ein besonders wirksames Kommunikationsmittel. Das Fernsehen trug wesentlich zur Modernisierung und Professionalisierung der Wahlkämpfe bei. Es brachte neue Formate der Wahlkommunikation wie die TV-Debatten und Diskussionsrunden, audiovisuell eindrucksvolle Werbespots und Politikerauftritte in publikumswirksamen Unterhaltungssendungen.

Die Medienentwicklung erweiterte zunehmend das Repertoire der Kampagnenplaner. Zuletzt trugen Internet und soziale Medien noch einmal in beträchtlichem Maße dazu bei. Um den Medieneinsatz effizient zu orchestrieren, orientieren sich Kampagnenplaner an Prinzipien und Praktiken des Marketings. Dabei wird auch professionelle Kompetenz von Agenturen und Beratern herangezogen, die auf Werbung und Public Relations, auf das Management von Themen und Events spezialisiert sind. Vorbereitet und flankiert werden die Maßnahmen durch Analysen der Medienberichterstattung und der Wählermeinung, durch Pretests und Erfolgskontrollen. Um alles dies zu bewerkstelligen, braucht es erhebliche finanzielle Mittel. Der moderne professionelle Wahlkampf ist kostenintensiv. Die Frage drängt sich auf, ob die Ressourcen sinnvoll eingesetzt werden, auch angesichts der Tatsache, dass die Wahlbeteiligung der Bürger seit langem sinkt.

Die Parteien und Kandidaten antizipieren Medieneffekte

und stellen sich in der Wahlkampforganisation darauf ein, um den Anforderungen der Medien gerecht zu werden. Sie versuchen, die Leistungen der Medien – und mögliche Effekte – für ihre Kampagnenziele zu nutzen. Da die Politik zunehmend abhängiger wurde von der Publikationsleistung der Medien, bemüht sie sich um Strategien, mit denen sie ihre Medienpräsenz steigern kann. Sie berücksichtigt und verinnerlicht die Aufmerksamkeitsregeln der Medien. Der Wahlkampf folgt dann weitgehend einer Medienlogik. Die Kommunikationsforschung prägte dafür den Begriff der *Medialisierung*. Die Frage, welche Folgen diese Form der »reziproken« Medienwirkung für die Parteien und Politiker hat, wird in letzter Zeit häufiger gestellt.

Für die Wähler ist das Wahlkampfbild, das die Medien vermitteln, eine wichtige Informationsquelle. Noch immer schätzt die Mehrheit der Wähler die Fernsehberichterstattung als besonders hilfreich für die Wahlentscheidung ein. Die Medien und insbesondere das Fernsehen vermitteln jedoch oft nur scheinbar einen authentischen Eindruck vom Wahlkampf. Manche Ereignisse sind inszeniert oder im Hinblick auf die Medienbeachtung zugerichtet. Zudem reduzieren die vielen Meinungsumfragen zum »Stand des Rennens« den Wahlkampf auf den Kandidatenwettstreit. Das ist oft Anlass für die Frage, ob die Medien ihrem Anspruch gerecht werden, ein zutreffendes Bild des Wahlkampfs zu vermitteln. Es ist ebenso eine offene Frage, welche Rückwirkungen das von den Medien erzeugte Wahlkampfbild auf das Wahlkampfgeschehen hat.

Befürchtungen, dass die Entscheidungen der Wähler zu stark von den Medien abhängen, sind verbreitet. Das ist auch Anlass für überspitzte Thesen, wie eingangs zitiert: »Wahlen werden im Fernsehen gewonnen« oder »Online-Kampagnen entscheiden die Bundestagswahl«. Hinter diesen Thesen verbirgt sich ein Manipulationsverdacht. Was machen die Medien mit den Wählern? Dies war lange Zeit auch die vorherrschende Perspektive der Kommunikationsforschung. In-

zwischen wurde sie ergänzt durch die Frage: Was machen die
Wähler mit den Medien? Zwar ist vielfach belegt, dass die Medien Wähler beeinflussen können. Das ist aber oft von Bedingungen abhängig, von Eigenschaften und Dispositionen der
Wähler und von der politischen Situation, in der die Kampagne stattfindet.

Dass politische Inhalte genutzt und verarbeitet werden,
hängt mehr denn je von Entscheidungen der Mediennutzer
ab. Die neuen Medien verlangen und ermöglichen gezielte
Nutzeraktivitäten, erfordern einen motivierten Umgang mit
politischen Inhalten. Um Politikangebote im Internet wahrzunehmen, muss man eine Webseite gezielt aufrufen oder
zumindest eine Suchmaschine betätigen und aus den Such-
ergebnissen eine Auswahl treffen. Das gilt ebenso für die Politiknutzung in sozialen Netzwerken, und das ist mehr noch
der Fall, wenn man sich mit anderen Usern austauschen will,
wenn man gemeinsame Aktionen organisieren, sich online
politisch beteiligen will.

Führen diese Entwicklungen in eine »neue Ära minimaler Medieneffekte«? Das behaupten jedenfalls die Amerikaner
Lance Bennett und Shanto Iyengar. Sie gehen davon aus, dass
die in der »Fernsehdemokratie« entwickelten Wirkungsmodelle in der neuen Medienwelt viel an Erklärungskraft einge-
büßt haben. Eine wesentliche Voraussetzung der Wirkungsmodelle, die Abhängigkeit der Wähler vom journalistischen
*Gatekeeping* und damit von bestimmten Medieninhalten,
scheint nicht mehr zuzutreffen. Die Medien schränken Selektionsmöglichkeiten nicht mehr ein, sondern erweiterten sie
ganz erheblich – nicht nur durch eine Vielfalt an politischer
Information, sondern mehr noch durch eine Fülle von Un-
terhaltungsangeboten. Die Zeiten, als das *Push-Medium* Fernsehen neu und so attraktiv war, dass die Wähler beim Fernsehen auch mal von politischen Inhalten überrumpelt wurden,
die sie aus eigenem Antrieb nicht ausgewählt hätten, sind
längst vorbei.

Für Wähler mit Interesse an Politik, hinreichend politischem Vorwissen und der nötigen Medienkompetenz gibt es viele neue Formen des politischen Online-Engagements. Davon macht zwar in Deutschland erst ein kleiner Teil der Wähler Gebrauch, wie die im 2. Kapitel mitgeteilten Daten zeigen. Immerhin bei den unter 30-Jährigen ist dieser Anteil schon nennenswert. Dass er weiter steigen wird, dass diese Gruppe mit zunehmendem Alter ihre Affinität zu Online-Medien beibehält und dass sich die heute Älteren bei zukünftigen Wahlen mehr den Online-Medien zuwenden, ist möglich, aber nicht sicher.

Ungeklärt sind auch noch die Folgen der Medienentwicklung für die an Politik wenig oder gar nicht interessierten Wähler. Sie finden ein immer größeres Angebot an *unpolitischen* Alternativen in der neuen Medienwelt, können mühelos die ihren persönlichen Vorlieben, Interessen und Bedürfnissen entsprechenden Medien und Inhalte auswählen. Das riesige und oft attraktive Unterhaltungsangebot im Fernsehen – und inzwischen auch im Internet – macht ihnen die Politikvermeidung leicht. Es ist möglich, dass dies politische Apathie und Abstinenz befördert. Möglich ist aber auch, dass eine zunehmende Vermischung von politischen und unterhaltenden Medieninhalten, wie sie seit einiger Zeit zu beobachten ist, die Kluft zwischen den politisch Interessierten und den eher unpolitischen Bürgern nicht anwachsen lässt. Dass sie geschlossen wird, ist allerdings eher unwahrscheinlich.

# Zum Weiterlesen

Bytzek, Evelyn/Sigrid Roßteutscher (Hrsg.) (2011): Der unbekannte Wähler? Mythen und Fakten über das Wahlverhalten der Deutschen. Frankfurt a. M.: Campus.
In dem Band konfrontieren viele erfahrene Wahlforscher in meist gut verständlichen, kurzen Beiträgen verbreitete Annahmen über das Wahlverhalten mit wissenschaftlichen Erkenntnissen, darunter auch Annahmen zur Personalisierung der Politik, zur Wirkung von TV-Duellen und von Umfrage-Ergebnissen.

Holtz-Bacha, Christina (Hrsg.) (2014): Die Massenmedien im Wahlkampf. Das Wahljahr 2013. Wiesbaden: VS Verlag.
Der Sammelband enthält neueste wissenschaftliche Analysen von Wahlkommunikation und Wählerverhalten bei der Bundestagswahl 2013.

Kritzinger, Sylvia/Wolfgang C. Müller/Klaus Schönbach (Hrsg.) (2014): Die Nationalratswahl 2013. Wie Parteien, Medien und Wählerschaft zusammenwirken. Wien: Böhlau.
Eine detailreiche Darstellung von Ergebnissen zur österreichischen Nationalratswahl 2013, basierend auf Analysen der

Kommunikation der Parteien, der Medienberichterstattung und von Wählerbefragungen.

**Lazarsfeld, Paul F./Bernard Berelson/Hazel Gaudet (1944): The people's choice. How the voter makes up his mind in a presidential campaign. New York: Duell, Sloane & Pearce (deutsch: Wahlen und Wähler. Soziologie des Wahlverhaltens. Neuwied: Luchterhand, 1969)**
Der »Klassiker« der Medien- und Wahlforschung ist auch heute noch aktuell und vorbildlich wegen seiner methodischen Raffinesse, der konzentrierten, anschaulichen Darstellung und der Entdeckung einer Reihe von Gesetzmäßigkeiten politischer Kommunikation.

**Jungherr, Andreas/Harald Schoen (2013): Das Internet in Wahlkämpfen. Konzepte, Wirkungen und Kampagnenfunktionen. Wiesbaden: Springer VS.** (auch als pdf-Ausgabe der Konrad-Adenauer-Stiftung verfügbar unter http://www.kas. de/wf/doc/kas_34855-544-1-30.pdf?130704123039)
Enthält viel Allgemeines und Informatives zum Internet. Die Ausführungen zu Internet in Wahlkämpfen beziehen sich hauptsächlich auf die USA.

**Oberreuter, Heinrich (Hrsg.) (2011): Am Ende der Gewissheiten. Wähler, Parteien und Koalitionen in Bewegung. München: Olzog.**
Der Sammelband enthält Beiträge von Wissenschaftlern und den Wahlkampfmanagern Matthias Machnig und Peter Radunski zu Medien, Parteien und Wahlkampf bei der Bundestagswahl 2009.

**Plasser, Fritz (Hrsg.) (2012): Erfolgreich wahlkämpfen. Massenmedien und Wahlkampagnen in Österreich. Wien: Facultas.**

Der Haupttitel klingt nach einem Rezeptbuch. Es handelt sich aber um eine Zusammenstellung von wissenschaftlichen Untersuchungen zur Wahlkommunikation in Österreich, zumeist im Kontext der Nationalratswahl 2008.

**Schulz, Winfried (2011): Politische Kommunikation. Theoretische Ansätze und Ergebnisse empirischer Forschung. 3., überarbeitete Auflage. Wiesbaden: VS Verlag.**
Gibt einen umfassenden Überblick über die wissenschaftliche Forschung zur Wahlkommunikation, zu Inhalten und Wirkungen politischer Kommunikation und zum Kommunikationsmanagement.

**Schweitzer, Eva Johanna/Steffen Albrecht (2011): Das Internet im Wahlkampf. Analysen zur Bundestagswahl 2009. Wiesbaden: VS Verlag.**
Enthält eine Reihe von Forschungsergebnissen u. a. zum Einsatz neuer Medien, zu deren Inhalten und Nutzung durch die Wähler bei der Bundestagswahl 2009. Besonders lesenswert ist die ausführliche Einleitung der beiden Herausgeber.

**Stauss, Frank (2013): Höllenritt Wahlkampf. Ein Insider-Bericht. München: Deutscher Taschenbuchverlag.**
Aus dem streckenweise recht spannend geschriebenen Erfahrungsbericht eines Kampagnenmanagers erfährt man viel über die Hintergründe der Wahlkampfplanung, speziell über die SPD-Kampagne zur Bundestagswahl 2005

**Zeitschrift »Der Bürger im Staat«, 63. Jahrgang, 2013, Heft 3, Ausgabe zur Bundestagswahl 2013, herausgegeben von der Landeszentrale für politische Bildung Baden-Württemberg (auch als pdf abrufbar unter http://www.buergerimstaat. de/3_13/bundestagswahl_2013.pdf)**
Enthält knappe, informative Beiträge, die im Rückblick auf die Bundestagswahl 2009 oder in der Vorausschau auf die

Bundestagswahl 2013 geschrieben wurden, teils auch allgemeinere Analysen zu Wahlen und Wahlkommunikation.

## Onlinequellen

http://www.bpb.de/politik/wahlen/
Die Webseite der Bundeszentrale für politische Bildung bietet viele Analysen und Fakten zu Bundestagswahlen und Europawahlen mit anschaulichen Grafiken.

http://www.dhm.de/sammlungen/plakate/bestand.html
Das Deutschen Historische Museum in Berlin hat eine Auswahl aus seiner Sammlung historischer Wahlplakate online gestellt. Sie vermitteln einen guten Eindruck vom Politikstil früherer Wahlkämpfe und ermöglichen es, den Wandel politischer Themen und Slogans der Parteien nachzuvollziehen.

http://www.wahl.de/
Die Webseite wertet die Online-Aktivitäten von Kandidaten und Abgeordneten aus und stellt sie anschaulich als Rankings und Grafiken dar.

## Datenquellen

Für einige Abbildungen wurden Daten der German Longitudinal Election Study (GLES) verwendet. Auftraggeber der GLES-Erhebungen sind Prof. Dr. Hans Rattinger (Universität Mannheim), Prof. Dr. Sigrid Roßteutscher (Universität Frankfurt), Prof. Dr. Rüdiger Schmitt-Beck (Universität Mannheim) und PD Dr. Bernhard Weßels (Wissenschaftszentrum Berlin für Sozialforschung) in enger Zusammenarbeit mit der Deutschen Gesellschaft für Wahlforschung (DGfW) und GESIS – Leibniz-Institut für Sozialwissenschaften. GESIS

ist auch für die Datenaufbereitung und -dokumentation ver-
antwortlich und stellt die Daten für Analysen zur Verfügung.
Weder die genannten Personen noch die beteiligten Institute
tragen Verantwortung für die Analyse oder Interpretation der
Daten in diesem Band. Ausgewertet wurden hier Daten des
Langfrist-Online-Trackings in der Version 2.0.0.

# Glossar

**Amtsbonus:** Bezeichnet einen Vorteil bei der Beachtung durch die Massenmedien, den die Kandidaten haben, die ihre Wahlkampagne als Inhaber eines hohen politischen Amtes führen. Der Vorteil wurde in Deutschland häufiger für den Bundeskanzler bzw. die Bundeskanzlerin beobachtet.

**Bandwagon Effect** (dt. Mitläufer-Effekt): Eine These, die annimmt, dass sich Wähler der Meinung der Mehrheit anschließen, weil sie bei den Siegern sein wollen. Dadurch gewinnt der im Rennen führende Kandidat weitere Anhänger hinzu. Die Meinung der Mehrheit erfahren die Wähler aus veröffentlichten Meinungsumfragen.

**Canvassing:** Der englische Ausdruck bezeichnet Wahlkampfaktivitäten durch Hausbesuche bei Wählern. Die Hausbesuche von Kandidaten oder ihren Wahlhelfern sind Teil der »Graswurzel-Aktivitäten« *(grassroots activities)* im Wahlbezirk, die vor allem bei Wahlkämpfen in den USA ein wichtiges Kampagnenelement sind.

**Earned Media:** Der englische Ausdruck bezeichnet kostenlose Werbeleistungen der Medien. Kostenlos ist es für die Parteien, wenn die Medien über ihre Kandidaten und Kampagnenaktivitäten in Nachrichten berichten oder wenn sie ihnen eine Plattform bieten durch Auftritte z. B. in Interviews, Talkshows, TV-Debatten oder Unterhaltungssendungen.

**GLES:** Abkürzung für »German Longitudinal Election Study«, ein langfristig angelegtes Projekt zur Erforschung des Wahlverhaltens in Deutschland (vgl. die Erläuterungen oben zu Datenquellen).

**Horse Race:** Ein meist kritisch gebrauchter Ausdruck (wörtlich übersetzt: Pferderennen) für eine Wahlkampfberichterstattung, die auf die Frage verengt ist, wer die Wahl gewinnt.

**Microtargeting:** Ausdruck für Kampagnenmaßnahmen, mit denen kleine, eng definierte Wählergruppen oder sogar einzelne Personen direkt angesprochen werden, z. B. mit Telefonanrufen, E-Mails und Textmitteilungen (SMS).

**Negative Campaigning** (dt. Angriffswahlkampf): Bezeichnet eine Kampagnenstrategie, die auf Schmähung und Diskreditierung politischer Gegner setzt.

**Paid Media:** engl. für Medien, deren Einsatz in der Regel bezahlt werden muss, wie das z. B. bei Anzeigen in der Presse, Wahlspots in Radio und Fernsehen und bei Internetwerbung der Fall ist.

**Professionalisierung:** Bezeichnet einen Aspekt des Wandels von Wahlkämpfen, der vor allem auf die »Verwissenschaftlichung« des Kampagnenmanagements und die Beteiligung von Experten für Marketing, Werbung und Public Relations zurückgeht.

**Pull-Medien:** Bezeichnung für solche Medien, die man als Nutzer aktiv aufsuchen oder auswählen muss, um ihre Inhalte zu nutzen. Das gilt außer für Print-Medien wie Zeitungen auch für Online-Medien.

**Push-Medien:** Bezeichnung für Medien, die ihre Inhalte »linear« in zeitlicher Abfolge verbreiten, so dass es zu einer relativ hohen Wahrnehmungsbindung und mitunter zur Überrumpelung der Nutzer kommt. Das wurde vor allem für das Fernsehen angenommen, als das Sender-Angebot noch gering war und als es noch keine Fernbedienung zum schnellen Wegzappen gab.

**Segmentierung:** Bezeichnet ein Prinzip der Wahlkampfführung, bei der Wähler nicht als amorphe Masse, sondern als genauer definierte Zielgruppen angesprochen werden, zum Beispiel als Erstwähler, Stammwähler oder Wechselwähler, als Bewohner bestimmter Regionen oder Bundesländer, als Angehörige einzelner Bevölkerungsgruppen.

**Spindoktor:** Eingedeutschte Version des englischen *spin doctor* als Bezeichnung für Personen, die mit der Öffentlichkeitsarbeit für Regierungen und Parteien betraut sind wie z.B. Regierungssprecher, Pressesprecher und Generalsekretäre der Parteien, mitunter auch externe Berater. Sie sollen den jeweils aktuellen Themen möglichst einen bestimmten »Dreh« *(spin)* geben.

**Sonntagsfrage:** Der Ausdruck bezieht sich auf das Umfrage-Ergebnis, das Auskunft gibt über die Wahlchancen der Parteien. Es wird an einer Stichprobe von Personen ermittelt, die ein verkleinertes Abbild aller Wahlberechtigten ist. Ihnen wird in der Umfrage die hypothetische Frage gestellt, welche Partei sie wählen würden, wenn schon am nächsten Sonntag gewählt würde.

**Strategische Berichterstattung:** Das sind Berichte der Nachrichtenmedien über den Stand des Rennens, über Wahlkampfstrategien, über Streitigkeiten zwischen und innerhalb von Parteien oder über Äußerungen zu möglichen Regierungskoalitionen. Der Strategie-Anteil wird in Medienanalysen oft mit dem Substanz-Anteil verglichen. Als »Substanz« gelten Berichte über Sachfragen, über konkrete Themen und Probleme, über die Wahlprogramme der Parteien.

**Strategisches Wählen:** Bezeichnet ein Wahlverhalten, mit dem durch Verteilung der Stimmen auf verschiedene Kandidaten bzw. Parteilisten ein bestimmtes Ergebnis oder eine bestimmte Regierungskoalition begünstigt werden soll. Das deutsche Wahlsystem bietet diese Möglichkeit dadurch, dass die Wähler bei der Bundestagswahl eine Erst- und eine Zweitstimme verteilen können. Bei Landtags- und Kommunalwahlen in vielen Bundesländern können sie sogar eine größere Zahl von Stimmen bei verschiedenen Kandidaten häufeln (kumulieren) und auf verschiedene Listen verteilen (Panaschieren).

**Streuung, Streuverlust:** Die Begriffe aus der Wirtschaftswerbung beziehet sich auf einen Einsatz von Medien, mit dem man die angestrebten Zielpersonen möglichst kostengünstig erreicht. Bei der politischen Kampagnenplanung kommt es entsprechend darauf an, die Kommunikationsmittel so zu streuen, dass sie den größten Mobilisierungs- und Überzeugungserfolg erzielen. Kampagnenkontakte mit Wahlberechtigten, bei denen man derartige Reaktionen nicht erwarten kann, sind im Prinzip Streuverluste. Sie lassen sich allerdings bei Wahlkampfmedien mit hoher Reichweite – wie Plakate und TV-Spots – kaum vermeiden.

**Townhall-Format:** Bezeichnung für das in Wahlkämpfen in den USA entwickelte Fernsehformat, das im deutschen Fernsehen »Wahlarena« genannt wird. Der Reiz dieser Sendungen besteht darin, dass die Fragen nicht, wie bei den TV-Duellen, von Journalisten gestellt werden, sondern von den im Studio anwesenden Wählern.

**Underdog Effect** (dt. Mitleidseffekt): Dies ist die Gegenthese zum *bandwagon effect*. Sie nimmt an, dass (einige) Wähler Parteien oder Kandidaten bevorzugen, die in der Wählergunst zurückliegen. Ein solches strategisches Wählen ist am ehesten dann zu erwarten, wenn Umfragen auf ein Kopf-an-Kopf-Rennen hindeuten oder auf die Möglichkeit, eine Partei über die Fünf-Prozent-Hürde heben zu können.

**Wahl-O-Mat:** Das ist ein Angebot auf der Internetseite der Bundeszentrale für politische Bildung (wie auch auf einigen anderen Webseiten), mit dessen Hilfe unentschlossene Wähler herausfinden können, welcher Partei sie am ehesten zuneigen. Es soll die Wahlteilnahme fördern und die Wahlentscheidung unterstützen soll (http://www.wahl-o-mat.de).

# Abbildungsverzeichnis

Abb. 1   Beispiel einer *walk list* mit Wählerdaten            37
Abb. 2   Beachtung der Wahlkommunikation 2013                  46
Abb. 3   Angriffswahlkampf bei der Europawahl 2009             47
Abb. 4   Neue Medien und Beteiligung am Wahlkampf              53
Abb. 5   Das Twitter-Echo des TV-Duells 2013                   64
Abb. 6   Titel des SZ-Magazins am 13. 9. 2013                  66
Abb. 7   Visualisierung der Kandidatendarstellung
         im Fernsehen                                          73
Abb. 8   Schrumpfende Sound-Bites
         im österreichischen Fernsehen                         85
Abb. 9   Sonderausgabe der Bild-Zeitung
         zur Bundestagswahl 2013                               91
Abb. 10  Informationsnutzen der Wahlkommunikation              94
Abb. 11  Ein Modell der Wahlentscheidung                       98
Abb. 12  Wichtige Probleme in Deutschland                     103

Printed in the United States
By Bookmasters